T&P BOOKS

AFRIKAANS
VOCABULÁRIO

PALAVRAS MAIS ÚTEIS

PORTUGUÊS
AFRIKAANS

Para alargar o seu léxico e apurar
as suas competências linguísticas

3000 palavras

Vocabulário Português-Afrikaans - 3000 palavras

Por Andrey Taranov

Os vocabulários da T&P Books destinam-se a ajudar a aprender, a memorizar, e a rever palavras estrangeiras. O dicionário é dividido em temas, cobrindo todas as principais esferas de atividades quotidianas, negócios, ciência, cultura, etc.

O processo de aprendizagem, utilizando os dicionários baseados em temáticas da T&P Books dá-lhe as seguintes vantagens:

- Informação de origem corretamente agrupada predetermina o sucesso em fases subsequentes da memorização de palavras
- Disponibilização de palavras derivadas da mesma raiz, o que permite a memorização de unidades de texto (em vez de palavras separadas)
- Pequenas unidades de palavras facilitam o processo de estabelecimento de vínculos associativos necessários para a consolidação do vocabulário
- O nível de conhecimento da língua pode ser estimado pelo número de palavras aprendidas

T&P Books Publishing
www.tpbooks.com

ISBN: 978-1-78716-502-1

Este livro também está disponível em formato E-book.
Por favor visite www.tpbooks.com ou as principais livrarias on-line.

VOCABULÁRIO AFRIKAANS
palavras mais úteis

Os vocabulários da T&P Books destinam-se a ajudar a aprender, a memorizar, e a rever palavras estrangeiras. O vocabulário contém mais de 3000 palavras de uso comum organizadas tematicamente.

O vocabulário contém as palavras mais comummente usadas
Recomendado como adicional para qualquer curso de línguas
Satisfaz as necessidades dos iniciados e dos alunos avançados de línguas estrangeiras
Conveniente para o uso diário, sessões de revisão e atividades de auto-teste
Permite avaliar o seu vocabulário

Características especias do vocabulário

- As palavras estão organizadas de acordo com o seu significado, e não por ordem alfabética
- As palavras são apresentadas em três colunas para facilitar os processos de revisão e auto-teste
- As palavras compostas são divididas em pequenos blocos para facilitar o processo de aprendizagem
- O vocabulário oferece uma transcrição simples e adequada de cada palavra estrangeira

O vocabulário contém 101 tópicos incluindo:

Conceitos básicos, Números, Cores, Meses, Estações do ano, Unidades de medida, Roupas & Acessórios, Alimentos & Nutrição, Restaurante, Membros da Família, Parentes, Caráter, Sentimentos, Emoções, Doenças, Cidade, Passeios, Compras, Dinheiro, Casa, Lar, Escritório, Trabalho no Escritório, Importação & Exportação, Marketing, Pesquisa de Emprego, Desportos, Educação, Computador, Internet, Ferramentas, Natureza, Países, Nacionalidades e muito mais ...

TABELA DE CONTEÚDOS

GUIA DE PRONUNCIAÇÃO

Alfabeto fonético T&P	Exemplo afrikaans	Exemplo Português
[a]	land	chamar
[ā]	straat	rapaz
[æ]	hout	semana
[o], [ɔ]	Australië	noite
[e]	metaal	metal
[ɛ]	aanlê	mesquita
[ə]	filter	milagre
[ɪ]	uur	sinónimo
[i]	billik	sinónimo
[ï]	naïef	cair
[o]	koppie	lobo
[ø]	akteur	orgulhoso
[œ]	fluit	orgulhoso
[u]	hulle	bonita
[ʊ]	hout	bonita
[b]	bakker	barril
[d]	donder	dentista
[f]	navraag	safári
[g]	burger	gosto
[h]	driehoek	[h] aspirada
[j]	byvoeg	géiser
[k]	kamera	kiwi
[l]	loon	libra
[m]	môre	magnólia
[n]	neef	natureza
[p]	pyp	presente
[r]	rigting	riscar
[s]	oplos	sanita
[t]	lood, tenk	tulipa
[v]	bewaar	fava
[w]	oorwinnaar	página web
[z]	zoem	sésamo
[dʒ]	enjin	adjetivo
[ʃ]	artisjok	mês
[ŋ]	kans	alcançar
[ʧ]	tjek	Tchau!
[ʒ]	beige	talvez
[x]	agent	fricativa uvular surda

ABREVIATURAS
usadas no vocabulário

Abreviaturas do Português

adj	-	adjetivo
adv	-	advérbio
anim.	-	animado
conj.	-	conjunção
desp.	-	desporto
etc.	-	etecetra
ex.	-	por exemplo
f	-	nome feminino
f pl	-	feminino plural
fem.	-	feminino
inanim.	-	inanimado
m	-	nome masculino
m pl	-	masculino plural
m, f	-	masculino, feminino
masc.	-	masculino
mat.	-	matemática
mil.	-	militar
pl	-	plural
prep.	-	preposição
pron.	-	pronome
sb.	-	sobre
sing.	-	singular
v aux	-	verbo auxiliar
vi	-	verbo intransitivo
vi, vt	-	verbo intransitivo, transitivo
vr	-	verbo reflexivo
vt	-	verbo transitivo

CONCEITOS BÁSICOS

1. Pronomes

eu	ek, my	[ɛk], [maj]
tu	jy	[jaj]
ele, ela	hy, sy, dit	[haj], [saj], [dit]
nós	ons	[ɔŋs]
vocês	julle	[jullə]
você (sing.)	u	[u]
você (pl)	u	[u]
eles	hulle	[hullə]
elas	hulle	[hullə]

2. Cumprimentos. Saudações

Olá!	Hallo!	[hallo!]
Bom dia! (formal)	Hallo!	[hallo!]
Bom dia! (de manhã)	Goeie môre!	[χuje mɔrə!]
Boa tarde!	Goeiemiddag!	[χuje·middaχ!]
Boa noite!	Goeienaand!	[χuje·nãnt!]
cumprimentar (vt)	dagsê	[daχsɛ:]
Olá!	Hallo!	[hallo!]
saudação (f)	groet	[χrut]
saudar (vt)	groet	[χrut]
Como vais?	Hoe gaan dit?	[hu χãn dit?]
O que há de novo?	Hoe gaan dit?	[hu χãn dit?]
Adeus! (formal)	Totsiens!	[totsiŋs!]
Até à vista! (informal)	Koebaai!	[kubãi!]
Até breve!	Totsiens!	[totsiŋs!]
Adeus! (sing.)	Mooi loop!	[moj loəp!]
Adeus! (pl)	Vaarwel!	[fãrwel!]
despedir-se (vr)	afskeid neem	[afskæjt neəm]
Até logo!	Koebaai!	[kubãi!]
Obrigado! -a!	Dankie!	[danki!]
Muito obrigado! -a!	Baie dankie!	[baje danki!]
De nada	Plesier	[plesir]
Não tem de quê	Plesier!	[plesir!]
De nada	Plesier	[plesir]
Desculpa!	Ekskuus!	[ɛkskɪs!]
Desculpe!	Verskoon my!	[ferskoən maj!]
desculpar (vt)	verskoon	[ferskoən]

desculpar-se (vr)	verskoning vra	[ferskoniŋ fra]
As minhas desculpas	Verskoning	[ferskoniŋ]
Desculpe!	Ek is jammer!	[ɛk is jammer!]
perdoar (vt)	vergewe	[ferχevə]
Não faz mal	Maak nie saak nie!	[māk ni sāk ni!]
por favor	asseblief	[asseblif]

Não se esqueça!	Vergeet dit nie!	[ferχeet dit ni!]
Certamente! Claro!	Beslis!	[beslis!]
Claro que não!	Natuurlik nie!	[natɪrlik ni!]
Está bem! De acordo!	OK!	[okej!]
Basta!	Dis genoeg!	[dis χenuχ!]

3. Questões

Quem?	Wie?	[vi?]
Que?	Wat?	[vat?]
Onde?	Waar?	[vār?]
Para onde?	Waarheen?	[vārheen?]
De onde?	Waarvandaan?	[vārfandān?]
Quando?	Wanneer?	[vanneer?]
Para quê?	Hoekom?	[hukom?]
Porquê?	Hoekom?	[hukom?]

Para quê?	Vir wat?	[fir vat?]
Como?	Hoe?	[hu?]
Qual?	Watter?	[vatter?]
Qual? (entre dois ou mais)	Watter een?	[vatter een?]

A quem?	Vir wie?	[fir vi?]
Sobre quem?	Oor wie?	[oer vi?]
Do quê?	Oor wat?	[oer vat?]
Com quem?	Met wie?	[met vi?]
Quanto, -os, -as?	Hoeveel?	[hufeel?]

4. Preposições

com (prep.)	met	[met]
sem (prep.)	sonder	[sonder]
a, para (exprime lugar)	na	[na]
sobre (ex. falar ~)	oor	[oer]
antes de ...	voor	[foer]
diante de ...	voor ...	[foer ...]

sob (debaixo de)	onder	[onder]
sobre (em cima de)	oor	[oer]
sobre (~ a mesa)	op	[op]
de (vir ~ Lisboa)	uit	[œit]
de (feito ~ pedra)	van	[fan]

dentro de (~ dez minutos)	oor	[oer]
por cima de ...	oor	[oer]

5. Palavras funcionais. Advérbios. Parte 1

Onde?	Waar?	[vãr?]
aqui	hier	[hir]
lá, ali	daar	[dãr]

em algum lugar	êrens	[ærɛŋs]
em lugar nenhum	nêrens	[nærɛŋs]

ao pé de ...	by	[baj]
ao pé da janela	by	[baj]

Para onde?	Waarheen?	[vãrheən?]
para cá	hier	[hir]
para lá	soontoe	[soentu]
daqui	hiervandaan	[hirfandãn]
de lá, dali	daarvandaan	[dãrfandãn]

perto	naby	[nabaj]
longe	ver	[fer]

perto de ...	naby	[nabaj]
ao lado de	naby	[nabaj]
perto, não fica longe	nie ver nie	[ni fər ni]

esquerdo	linker-	[linkər-]
à esquerda	op linkerhand	[op linkərhant]
para esquerda	na links	[na links]

direito	regter	[reχtər]
à direita	op regterhand	[op reχtərhant]
para direita	na regs	[na reχs]

à frente	voor	[foər]
da frente	voorste	[foərstə]
em frente (para a frente)	vooruit	[foərœit]

atrás de ...	agter	[aχtər]
por detrás (vir ~)	van agter	[fan aχtər]
para trás	agtertoe	[aχtərtu]

meio (m), metade (f)	middel	[middəl]
no meio	in die middel	[in di middəl]

de lado	op die sykant	[op di sajkant]
em todo lugar	orals	[orals]
ao redor (olhar ~)	orals rond	[orals ront]

de dentro	van binne	[fan binnə]
para algum lugar	êrens	[ærɛŋs]
diretamente	reguit	[reχœit]
de volta	terug	[teruχ]

de algum lugar	êrens vandaan	[ærɛŋs fandãn]
de um lugar	êrens vandaan	[ærɛŋs fandãn]

em primeiro lugar	in die eerste plek	[in di eərstə plek]
em segundo lugar	in die tweede plek	[in di tweədə plek]
em terceiro lugar	in die derde plek	[in di derdə plek]

de repente	skielik	[skilik]
no início	aan die begin	[ān di beχin]
pela primeira vez	vir die eerste keer	[fir di eərstə keər]
muito antes de ...	lank voordat ...	[lank foərdat ...]
de novo, novamente	opnuut	[opnɪt]
para sempre	vir goed	[fir χut]

nunca	nooit	[nojt]
de novo	weer	[veər]
agora	nou	[næʊ]
frequentemente	dikwels	[dikwɛls]
então	toe	[tu]
urgentemente	dringend	[driŋəŋ]
usualmente	gewoonlik	[χevoənlik]

a propósito, ...	terloops, ...	[terloəps], [...]
é possível	moontlik	[moentlik]
provavelmente	waarskynlik	[vārskajnlik]
talvez	dalk	[dalk]
além disso, ...	trouens ...	[træʊɛŋs ...]
por isso ...	dis hoekom ...	[dis hukom ...]
apesar de ...	ondanks ...	[ondanks ...]
graças a ...	danksy ...	[danksaj ...]

que (pron.)	wat	[vat]
quo (oonj.)	dat	[dat]
algo	iets	[its]
alguma coisa	iets	[its]
nada	niks	[niks]

quem	wie	[vi]
alguém (~ teve uma ideia ...)	iemand	[imant]
alguém	iemand	[imant]

ninguém	niemand	[nimant]
para lugar nenhum	nêrens	[nærɛŋs]
de ninguém	niemand se	[nimant sə]
de alguém	iemand se	[imant sə]

tão	so	[so]
também (gostaria ~ de ...)	ook	[oək]
também (~ eu)	ook	[oək]

6. Palavras funcionais. Advérbios. Parte 2

| Porquê? | Waarom? | [vārom?] |
| porque ... | omdat ... | [omdat ...] |

| e (tu ~ eu) | en | [ɛn] |
| ou (ser ~ não ser) | of | [of] |

mas (porém)	maar	[mār]
para (~ a minha mãe)	vir	[fir]

demasiado, muito	te	[te]
só, somente	net	[net]
exatamente	presies	[presis]
cerca de (~ 10 kg)	ongeveer	[onχəfeər]

aproximadamente	ongeveer	[onχəfeər]
aproximado	geraamde	[χerãmdə]
quase	amper	[ampər]
resto (m)	die res	[di res]

o outro (segundo)	die ander	[di andər]
outro	ander	[andər]
cada	elke	[ɛlkə]
qualquer	enige	[ɛniχə]
muitos, muitas	baie	[bajə]
muitas pessoas	baie mense	[bajə mɛŋsə]
todos	almal	[almal]

em troca de ...	in ruil vir ...	[in rœil fir ...]
em troca	as vergoeding	[as ferχudiŋ]
à mão	met die hand	[met di hant]
pouco provável	skaars	[skārs]

provavelmente	waarskynlik	[vārskajnlik]
de propósito	opsetlik	[opsetlik]
por acidente	toevallig	[tufalləχ]

muito	baie	[bajə]
por exemplo	byvoorbeeld	[bajfoərbeəlt]
entre	tussen	[tussən]
entre (no meio de)	tussen	[tussən]
tanto	so baie	[so bajə]
especialmente	veral	[feral]

NÚMEROS. DIVERSOS

7. Números cardinais. Parte 1

zero	nul	[nul]
um	een	[eən]
dois	twee	[tweə]
três	drie	[dri]
quatro	vier	[fir]
cinco	vyf	[fajf]
seis	ses	[ses]
sete	sewe	[sevə]
oito	ag	[aχ]
nove	nege	[neχə]
dez	tien	[tin]
onze	elf	[ɛlf]
doze	twaalf	[twālf]
treze	dertien	[dertin]
catorze	veertien	[feərtin]
quinze	vyftien	[fajftin]
dezasseis	sestien	[sestin]
dezassete	sewetien	[sevətin]
dezoito	agtien	[aχtin]
dezanove	negetien	[neχetin]
vinte	twintig	[twintəχ]
vinte e um	een-en-twintig	[eən-en-twintəχ]
vinte e dois	twee-en-twintig	[tweə-en-twintəχ]
vinte e três	drie-en-twintig	[dri-en-twintəχ]
trinta	dertig	[dertəχ]
trinta e um	een-en-dertig	[eən-en-dertəχ]
trinta e dois	twee-en-dertig	[tweə-en-dertəχ]
trinta e três	drie-en-dertig	[dri-en-dertəχ]
quarenta	veertig	[feərtəχ]
quarenta e um	een-en-veertig	[eən-en-feərtəχ]
quarenta e dois	twee-en-veertig	[tweə-en-feərtəχ]
quarenta e três	vier-en-veertig	[fir-en-feərtəχ]
cinquenta	vyftig	[fajftəχ]
cinquenta e um	een-en-vyftig	[eən-en-fajftəχ]
cinquenta e dois	twee-en-vyftig	[tweə-en-fajftəχ]
cinquenta e três	drie-en-vyftig	[dri-en-fajftəχ]
sessenta	sestig	[sestəχ]
sessenta e um	een-en-sestig	[eən-en-sestəχ]

sessenta e dois	twee-en-sestig	[twee-en-sestəχ]
sessenta e três	drie-en-sestig	[dri-en-sestəχ]
setenta	sewentig	[seventəχ]
setenta e um	een-en-sewentig	[een-en-seventəχ]
setenta e dois	twee-en-sewentig	[twee-en-seventəχ]
setenta e três	drie-en-sewentig	[dri-en-seventəχ]
oitenta	tagtig	[taχtəχ]
oitenta e um	een-en-tagtig	[een-en-taχtəχ]
oitenta e dois	twee-en-tagtig	[twee-en-taχtəχ]
oitenta e três	drie-en-tagtig	[dri-en-taχtəχ]
noventa	negentig	[neχentəχ]
noventa e um	een-en-negentig	[een-en-neχentəχ]
noventa e dois	twee-en-negentig	[twee-en-neχentəχ]
noventa e três	drie-en-negentig	[dri-en-neχentəχ]

8. Números cardinais. Parte 2

cem	honderd	[hondərt]
duzentos	tweehonderd	[twee·hondərt]
trezentos	driehonderd	[dri·hondərt]
quatrocentos	vierhonderd	[fir·hondərt]
quinhentos	vyfhonderd	[fajf·hondərt]
seiscentos	seshonderd	[ses·hondərt]
setecentos	sewehonderd	[seve·hondərt]
oitocentos	aghonderd	[aχ·hondərt]
novecentos	negehonderd	[neχe·hondərt]
mil	duisend	[dœisent]
dois mil	tweeduisend	[twee·dœisent]
três mil	drieduisend	[dri·dœisent]
dez mil	tienduisend	[tin·dœisent]
cem mil	honderdduisend	[hondərt·dajsent]
um milhão	miljoen	[miljun]
mil milhões	miljard	[miljart]

9. Números ordinais

primeiro	eerste	[eerstə]
segundo	tweede	[tweedə]
terceiro	derde	[derdə]
quarto	vierde	[firdə]
quinto	vyfde	[fajfdə]
sexto	sesde	[sesdə]
sétimo	sewende	[sevendə]
oitavo	agste	[aχstə]
nono	negende	[neχendə]
décimo	tiende	[tində]

CORES. UNIDADES DE MEDIDA

10. Cores

cor (f)	kleur	[kløər]
matiz (m)	skakering	[skakeriŋ]
tom (m)	tint	[tint]
arco-íris (m)	reënboog	[rɛɛn·boəχ]

branco	wit	[vit]
preto	swart	[swart]
cinzento	grys	[χrajs]

verde	groen	[χrun]
amarelo	geel	[χeəl]
vermelho	rooi	[roj]

azul	blou	[blæʋ]
azul claro	ligblou	[liχ·blæʋ]
rosa	pienk	[pink]
laranja	oranje	[oranje]
violeta	pers	[pers]
castanho	bruin	[brœin]

dourado	goue	[χæʋə]
prateado	silweragtig	[silweraχtəχ]

bege	beige	[bɛːiʒ]
creme	roomkleurig	[roəm·kløərəχ]
turquesa	turkoois	[turkojs]
vermelho cereja	kersierooi	[kersi·roj]
lilás	lila	[lila]
carmesim	karmosyn	[karmosajn]

claro	lig	[liχ]
escuro	donker	[donkər]
vivo	helder	[hɛldər]

de cor	kleurig	[kløərəχ]
a cores	kleur	[kløər]
preto e branco	swart-wit	[swart-wit]
unicolor	effe	[ɛffə]
multicor	veelkleurig	[feəlkløərəχ]

11. Unidades de medida

peso (m)	gewig	[χevəχ]
comprimento (m)	lengte	[leŋtə]

largura (f)	breedte	[breədtə]
altura (f)	hoogte	[hoəxtə]
profundidade (f)	diepte	[diptə]
volume (m)	volume	[folumə]
área (f)	area	[area]

grama (m)	gram	[xram]
miligrama (m)	milligram	[millixram]
quilograma (m)	kilogram	[kiloxram]
tonelada (f)	ton	[ton]
libra (453,6 gramas)	pond	[pont]
onça (f)	ons	[ɔŋs]

metro (m)	meter	[metər]
milímetro (m)	millimeter	[millimetər]
centímetro (m)	sentimeter	[sentimetər]
quilómetro (m)	kilometer	[kilometər]
milha (f)	myl	[majl]

polegada (f)	duim	[dœim]
pé (304,74 mm)	voet	[fut]
jarda (914,383 mm)	jaart	[jãrt]

metro (m) quadrado	vierkante meter	[firkantə metər]
hectare (m)	hektaar	[hektãr]

litro (m)	liter	[litər]
grau (m)	graad	[xrãt]
volt (m)	volt	[folt]
ampere (m)	ampère	[ampɛ:r]
cavalo-vapor (m)	perdekrag	[perdə·krax]

quantidade (f)	hoeveelheid	[hufeəlhæjt]
metade (f)	helfte	[hɛlftə]
dúzia (f)	dosyn	[dosajn]
peça (f)	stuk	[stuk]

dimensão (f)	grootte	[xroəttə]
escala (f)	skaal	[skãl]

mínimo	minimaal	[minimãl]
menor, mais pequeno	die kleinste	[di klæjnstə]
médio	medium	[medium]
máximo	maksimaal	[maksimãl]
maior, mais grande	die grootste	[di xroətstə]

12. Recipientes

boião (m) de vidro	glaspot	[xlas·pot]
lata (~ de cerveja)	blikkie	[blikki]
balde (m)	emmer	[ɛmmər]
barril (m)	drom	[drom]
bacia (~ de plástico)	wasbak	[vas·bak]
tanque (m)	tenk	[tɛnk]

cantil (m) de bolso	heupfles	[høəp·fles]
bidão (m) de gasolina	petrolblik	[petrol·blik]
cisterna (f)	tenk	[tɛnk]

caneca (f)	beker	[bekər]
chávena (f)	koppie	[koppi]
pires (m)	piering	[piriŋ]
copo (m)	glas	[χlas]
taça (f) de vinho	wynglas	[vajn·χlas]
panela, caçarola (f)	soppot	[sop·pot]

garrafa (f)	bottel	[bottəl]
gargalo (m)	nek	[nek]

jarro, garrafa (f)	kraffie	[kraffi]
jarro (m) de barro	kruik	[krœik]
recipiente (m)	houer	[hæʊər]
pote (m)	pot	[pot]
vaso (m)	vaas	[fãs]

frasco (~ de perfume)	bottel	[bottəl]
frasquinho (ex. ~ de iodo)	botteltjie	[bottɛlki]
tubo (~ de pasta dentífrica)	buisie	[bœisi]

saca (ex. ~ de açúcar)	sak	[sak]
saco (~ de plástico)	sak	[sak]
maço (m)	pakkie	[pakki]

caixa (~ de sapatos, etc.)	kartondoos	[karton·doəs]
caixa (~ de madeira)	krat	[krat]
cesta (f)	mandjie	[mandʒi]

19

VERBOS PRINCIPAIS

13. Os verbos mais importantes. Parte 1

abrir (vt)	oopmaak	[oəpmãk]
acabar, terminar (vt)	klaarmaak	[klãrmãk]
aconselhar (vt)	aanraai	[ãnrãi]
adivinhar (vt)	raai	[rãi]
advertir (vt)	waarsku	[vãrsku]
ajudar (vt)	help	[hɛlp]
almoçar (vi)	gaan eet	[χãn eət]
alugar (~ um apartamento)	huur	[hɪr]
amar (vt)	liefhê	[lifhɛ:]
ameaçar (vt)	dreig	[dræjχ]
anotar (escrever)	opskryf	[opskrajf]
apanhar (vt)	vang	[faŋ]
apressar-se (vr)	opskud	[opskut]
arrepender-se (vr)	jammer wees	[jammər veəs]
assinar (vt)	teken	[tekən]
atirar, disparar (vi)	skiet	[skit]
brincar (vi)	grappies maak	[χrappis mãk]
brincar, jogar (crianças)	speel	[speəl]
buscar (vt)	soek ...	[suk ...]
caçar (vi)	jag	[jaχ]
cair (vi)	val	[fal]
cavar (vt)	grawe	[χravə]
cessar (vt)	ophou	[ophæʊ]
chamar (~ por socorro)	roep	[rup]
chegar (vi)	aankom	[ãnkom]
chorar (vi)	huil	[hœil]
começar (vt)	begin	[beχin]
comparar (vt)	vergelyk	[ferχəlajk]
compreender (vt)	verstaan	[ferstãn]
concordar (vi)	saamstem	[sãmstem]
confiar (vt)	vertrou	[fertræʊ]
confundir (equivocar-se)	verwar	[ferwar]
conhecer (vt)	ken	[ken]
contar (fazer contas)	tel	[təl]
contar com (esperar)	reken op ...	[reken op ...]
continuar (vt)	aangaan	[ãnχãn]
controlar (vt)	kontroleer	[kontroleər]
convidar (vt)	uitnooi	[œitnoj]
correr (vi)	hardloop	[hardloəp]

criar (vt)	skep	[skep]
custar (vt)	kos	[kos]

14. Os verbos mais importantes. Parte 2

dar (vt)	gee	[χeə]
decorar (enfeitar)	versier	[fersir]
defender (vt)	verdedig	[ferdedəχ]
deixar cair (vt)	laat val	[lāt fal]

descer (para baixo)	afkom	[afkom]
desculpar (vt)	verskoon	[ferskoən]
desculpar-se (vr)	verskoning vra	[ferskoniŋ fra]
dirigir (~ uma empresa)	beheer	[beheər]
discutir (notícias, etc.)	bespreek	[bespreək]
dizer (vt)	sê	[sɛ:]

duvidar (vt)	twyfel	[twajfəl]
encontrar (achar)	vind	[fint]
enganar (vt)	bedrieg	[bedrəχ]
entrar (na sala, etc.)	binnegaan	[binnəχān]
enviar (uma carta)	stuur	[stɯr]

escolher (vt)	kies	[kis]
esconder (vt)	wegsteek	[veχsteək]
escrever (vt)	skryf	[skrajf]
esperar (o autocarro, etc.)	wag	[vaχ]

esperar (ter esperança)	hoop	[hoəp]
esquecer (vt)	vergeet	[ferχeət]
estar (vi)	wees	[veəs]
estudar (vt)	studeer	[studeər]
exigir (vt)	eis	[æjs]
existir (vi)	bestaan	[bestān]

explicar (vt)	verduidelik	[ferdœidəlik]
falar (vi)	praat	[prāt]
faltar (clases, etc.)	bank	[bank]
fazer (vt)	doen	[dun]
ficar em silêncio	stilbly	[stilblaj]
gabar-se, jactar-se (vr)	spog	[spoχ]

gostar (apreciar)	hou van	[hæʊ fan]
gritar (vi)	skreeu	[skriʊ]
guardar (cartas, etc.)	bewaar	[bevār]

informar (vt)	in kennis stel	[in kɛnnis stəl]
insistir (vi)	aandring	[āndriŋ]

insultar (vt)	beledig	[beledəχ]
interessar-se (vr)	belangstel in …	[belaŋstəl in …]
ir (a pé)	gaan	[χān]
ir nadar	gaan swem	[χān swem]
jantar (vi)	aandete gebruik	[āndetə χebrœik]

21

15. Os verbos mais importantes. Parte 3

ler (vt)	lees	[leəs]
libertar (cidade, etc.)	bevry	[befraj]
matar (vt)	doodmaak	[doədmãk]
mencionar (vt)	verwys na	[ferwajs na]
mostrar (vt)	wys	[vajs]
mudar (modificar)	verander	[ferandər]
nadar (vi)	swem	[swem]
negar-se (vt)	weier	[væjer]
objetar (vt)	beswaar maak	[beswãr mãk]
observar (vt)	waarneem	[vãrneəm]
ordenar (mil.)	beveel	[befeəl]
ouvir (vt)	hoor	[hoər]
pagar (vt)	betaal	[betãl]
parar (vi)	stilhou	[stilhæʊ]
participar (vi)	deelneem	[deəlneəm]
pedir (comida)	bestel	[bestəl]
pedir (um favor, etc.)	vra	[fra]
pegar (tomar)	vat	[fat]
pensar (vt)	dink	[dink]
perceber (ver)	raaksien	[rãksin]
perdoar (vt)	vergewe	[ferχevə]
perguntar (vt)	vra	[fra]
permitir (vt)	toestaan	[tustãn]
pertencer (vt)	behoort aan ...	[behoərt ãn ...]
planear (vt)	beplan	[beplan]
poder (vi)	kan	[kan]
possuir (vt)	besit	[besit]
preferir (vt)	verkies	[ferkis]
preparar (vt)	kook	[koək]
prever (vt)	voorsien	[foərsin]
prometer (vt)	beloof	[beloəf]
pronunciar (vt)	uitspreek	[œitspreək]
propor (vt)	voorstel	[foərstəl]
punir (castigar)	straf	[straf]

16. Os verbos mais importantes. Parte 4

quebrar (vt)	breek	[breək]
queixar-se (vr)	kla	[kla]
querer (desejar)	wil	[vil]
recomendar (vt)	aanbeveel	[ãnbefeəl]
repetir (dizer outra vez)	herhaal	[herhãl]
repreender (vt)	uitvaar teen	[œitfãr teən]
reservar (~ um quarto)	bespreek	[bespreək]

responder (vt)	antwoord	[antwoərt]
rezar, orar (vi)	bid	[bit]
rir (vi)	lag	[laχ]

roubar (vt)	steel	[steəl]
saber (vt)	weet	[veət]
sair (~ de casa)	uitgaan	[œitχān]
salvar (vt)	red	[ret]
seguir ...	volg ...	[folχ ...]

sentar-se (vr)	gaan sit	[χān sit]
ser (vi)	wees	[veəs]
ser necessário	nodig wees	[nodəχ veəs]
significar (vt)	beteken	[betekən]

sorrir (vi)	glimlag	[χlimlaχ]
subestimar (vt)	onderskat	[ondərskat]
surpreender-se (vr)	verbaas wees	[fərbās veəs]
tentar (vt)	probeer	[probeər]

ter (vt)	hê	[hɛ:]
ter fome	honger wees	[hoŋər veəs]
ter medo	bang wees	[baŋ veəs]
ter sede	dors wees	[dors veəs]

tocar (com as mãos)	aanraak	[ānrāk]
tomar o pequeno-almoço	ontbyt	[ontbajt]
trabalhar (vi)	werk	[verk]
traduzir (vt)	vertaal	[fertāl]
unir (vt)	verenig	[ferenəχ]

vender (vt)	verkoop	[ferkoəp]
ver (vt)	sien	[sin]
virar (ex. ~ à direita)	draai	[drāi]
voar (vi)	vlieg	[fliχ]

23

TEMPO. CALENDÁRIO

17. Dias da semana

segunda-feira (f)	Maandag	[mãndaχ]
terça-feira (f)	Dinsdag	[dinsdaχ]
quarta-feira (f)	Woensdag	[voɛŋsdaχ]
quinta-feira (f)	Donderdag	[dondərdaχ]
sexta-feira (f)	Vrydag	[frajdaχ]
sábado (m)	Saterdag	[satərdaχ]
domingo (m)	Sondag	[sondaχ]
hoje	vandag	[fandaχ]
amanhã	môre	[mɔrə]
depois de amanhã	oormôre	[oərmɔrə]
ontem	gister	[χistər]
anteontem	eergister	[eərχistər]
dia (m)	dag	[daχ]
dia (m) de trabalho	werksdag	[verks·daχ]
feriado (m)	openbare vakansiedag	[openbarə fakaŋsi·daχ]
dia (m) de folga	verlofdag	[ferlofdaχ]
fim (m) de semana	naweek	[naveək]
o dia todo	die hele dag	[di helə daχ]
no dia seguinte	die volgende dag	[di folχendə daχ]
há dois dias	twee dae gelede	[tweə daə χeledə]
na véspera	die dag voor	[di daχ foər]
diário	daeliks	[daeliks]
todos os dias	elke dag	[ɛlkə daχ]
semana (f)	week	[veək]
na semana passada	laas week	[lãs veək]
na próxima semana	volgende week	[folχendə veək]
semanal	weekliks	[veəkliks]
cada semana	weekliks	[veəkliks]
cada terça-feira	elke Dinsdag	[ɛlkə dinsdaχ]

18. Horas. Dia e noite

manhã (f)	oggend	[oχent]
de manhã	soggens	[soχɛŋs]
meio-dia (m)	middag	[middaχ]
à tarde	in die namiddag	[in di namiddaχ]
noite (f)	aand	[ãnt]
à noite (noitinha)	saans	[sãŋs]
noite (f)	nag	[naχ]

à noite	snags	[snaχs]
meia-noite (f)	middernag	[middərnaχ]

segundo (m)	sekonde	[sekondə]
minuto (m)	minuut	[minɪt]
hora (f)	uur	[ɪr]
meia hora (f)	n halfuur	[n halfɪr]
quinze minutos	vyftien minute	[fajftin minutə]
vinte e quatro horas	24 ure	[fir-en-twintəχ urə]

nascer (m) do sol	sonop	[son·op]
amanhecer (m)	daeraad	[daerãt]
madrugada (f)	elke oggend	[ɛlkə oχent]
pôr do sol (m)	sononder	[son·ondər]

de madrugada	vroegdag	[fruχdaχ]
hoje de manhã	vanmôre	[fanmɔrə]
amanhã de manhã	môreoggend	[mɔrə·oχent]

hoje à tarde	vanmiddag	[fanmiddaχ]
à tarde	in die namiddag	[in di namiddaχ]
amanhã à tarde	môremiddag	[mɔrə·middaχ]

hoje à noite	vanaand	[fanãnt]
amanhã à noite	môreaand	[mɔrə·ãnt]

às três horas em ponto	klokslag 3 uur	[klokslaχ dri ɪr]
por volta das quatro	omstreeks 4 uur	[omstreeks fir ɪr]
às doze	teen 12 uur	[teən twalf ɪr]

dentro de vinte minutos	oor twlntiу minuto	[oər twintəχ minutə]
a tempo	betyds	[betajds]

menos um quarto	kwart voor ...	[kwart foər ...]
a cada quinze minutos	elke 15 minute	[ɛlkə fajftin minutə]
as vinte e quatro horas	24 uur per dag	[fir-en-twintəχ pər daχ]

19. Meses. Estações

janeiro (m)	Januarie	[januari]
fevereiro (m)	Februarie	[februari]
março (m)	Maart	[mãrt]
abril (m)	April	[april]
maio (m)	Mei	[mæj]
junho (m)	Junie	[juni]

julho (m)	Julie	[juli]
agosto (m)	Augustus	[ɔuχustus]
setembro (m)	September	[septembər]
outubro (m)	Oktober	[oktobər]
novembro (m)	November	[nofembər]
dezembro (m)	Desember	[desembər]
primavera (f)	lente	[lentə]
na primavera	in die lente	[in di lentə]

primaveril	lente-	[lente-]
verão (m)	somer	[somər]
no verão	in die somer	[in di somər]
de verão	somerse	[somersə]

outono (m)	herfs	[herfs]
no outono	in die herfs	[in di herfs]
outonal	herfsagtige	[herfsaχtiχə]

inverno (m)	winter	[vintər]
no inverno	in die winter	[in di vintər]
de inverno	winter-	[vintər-]

mês (m)	maand	[mānt]
este mês	hierdie maand	[hirdi mānt]
no próximo mês	volgende maand	[folχendə mānt]
no mês passado	laasmaand	[lāsmānt]

| dentro de dois meses | oor twe maande | [oər twe māndə] |
| todo o mês | die hele maand | [di helə mānt] |

mensal	maandeliks	[māndəliks]
mensalmente	maandeliks	[māndəliks]
cada mês	elke maand	[ɛlkə mānt]

ano (m)	jaar	[jār]
este ano	hierdie jaar	[hirdi jār]
no próximo ano	volgende jaar	[folχendə jār]
no ano passado	laasjaar	[lājār]

| dentro de 2 anos | binne twee jaar | [binnə tweə jār] |
| todo o ano | die hele jaar | [di helə jār] |

cada ano	elke jaar	[ɛlkə jār]
anual	jaarliks	[jārliks]
anualmente	jaarliks	[jārliks]
quatro vezes por ano	4 keer per jaar	[fir keər pər jār]

data (~ de hoje)	datum	[datum]
data (ex. ~ de nascimento)	datum	[datum]
calendário (m)	kalender	[kalendər]

seis meses	ses maande	[ses māndə]
estação (f)	seisoen	[sæjsun]
século (m)	eeu	[iʊ]

VIAGENS. HOTEL

20. Viagens

turismo (m)	toerisme	[turismə]
turista (m)	toeris	[turis]
viagem (f)	reis	[ræjs]
aventura (f)	avontuur	[afontɪr]
viagem (f)	reis	[ræjs]
férias (f pl)	vakansie	[fakaŋsi]
estar de férias	met vakansie wees	[met fakaŋsi veəs]
descanso (m)	rus	[rus]
comboio (m)	trein	[træjn]
de comboio (chegar ~)	per trein	[pər træjn]
avião (m)	vliegtuig	[fliχtœiχ]
de avião	per vliegtuig	[pər fliχtœiχ]
de carro	per motor	[pər motor]
de navio	per skip	[pər skip]
bagagem (f)	bagasie	[baχasi]
mala (f)	tas	[tas]
carrinho (m)	bagasiekarretjie	[baχasi·karrəki]
passaporte (m)	paspoort	[paspoərt]
visto (m)	visum	[fisum]
bilhete (m)	kaartjie	[kãrki]
bilhete (m) de avião	lugkaartjie	[luχ·kãrki]
guia (m) de viagem	reisgids	[ræjsχids]
mapa (m)	kaart	[kãrt]
local (m), area (f)	gebied	[χebit]
lugar, sítio (m)	plek	[plek]
exotismo (m)	eksotiese dinge	[ɛksotisə diŋə]
exótico	eksoties	[ɛksotis]
surpreendente	verbasend	[ferbasent]
grupo (m)	groep	[χrup]
excursão (f)	uitstappie	[œitstappi]
guia (m)	gids	[χids]

21. Hotel

hotel (m)	hotel	[hotəl]
motel (m)	motel	[motəl]
três estrelas	drie-ster	[dri-stər]

cinco estrelas	vyf-ster	[fajf-stər]
ficar (~ num hotel)	oornag	[oərnaχ]
quarto (m)	kamer	[kamər]
quarto (m) individual	enkelkamer	[ɛnkəl·kamər]
quarto (m) duplo	dubbelkamer	[dubbəl·kamər]
meia pensão (f)	met aandete, bed en ontbyt	[met āndetə], [bet en ontbajt]
pensão (f) completa	volle losies	[follə losis]
com banheira	met bad	[met bat]
com duche	met stortbad	[met stort·bat]
televisão (m) satélite	satelliet-TV	[satɛllit-te·fe]
ar (m) condicionado	lugversorger	[luχfersorχər]
toalha (f)	handdoek	[handduk]
chave (f)	sleutel	[sløətəl]
administrador (m)	bestuurder	[bestɪrdər]
camareira (f)	kamermeisie	[kamər·mæjsi]
bagageiro (m)	hoteljoggie	[hotəl·joχi]
porteiro (m)	portier	[portir]
restaurante (m)	restaurant	[restɔurant]
bar (m)	kroeg	[kruχ]
pequeno-almoço (m)	ontbyt	[ontbajt]
jantar (m)	aandete	[āndetə]
buffet (m)	buffetete	[buffetetə]
hall (m) de entrada	voorportaal	[foər·portāl]
elevador (m)	hysbak	[hajsbak]
NÃO PERTURBE	MOENIE STEUR NIE	[muni støər ni]
PROIBIDO FUMAR!	ROOK VERBODE	[roək ferbodə]

22. Turismo

monumento (m)	monument	[monument]
fortaleza (f)	fort	[fort]
palácio (m)	paleis	[palæəjs]
castelo (m)	kasteel	[kasteəl]
torre (f)	toring	[toriŋ]
mausoléu (m)	mausoleum	[mɔusoløəm]
arquitetura (f)	argitektuur	[arχitektɪr]
medieval	Middeleeus	[middeliʊs]
antigo	oud	[æʊt]
nacional	nasionaal	[naʃionāl]
conhecido	bekend	[bekent]
turista (m)	toeris	[turis]
guia (pessoa)	gids	[χids]
excursão (f)	uitstappie	[œitstappi]
mostrar (vt)	wys	[vajs]
contar (vt)	vertel	[fertəl]

encontrar (vt)	vind	[fint]
perder-se (vr)	verdwaal	[ferdwāl]
mapa (~ do metrô)	kaart	[kārt]
mapa (~ da cidade)	kaart	[kārt]
lembrança (f), presente (m)	aandenking	[āndenkiŋ]
loja (f) de presentes	geskenkwinkel	[χeskɛnk·vinkəl]
fotografar (vt)	fotografeer	[fotoχrafeer]
fotografar-se	jou portret laat maak	[jæu portret lāt māk]

TRANSPORTES

23. Aeroporto

aeroporto (m)	lughawe	[luχhavə]
avião (m)	vliegtuig	[fliχtœiχ]
companhia (f) aérea	lugredery	[luχrederaj]
controlador (m) de tráfego aéreo	lugverkeersleier	[luχ·ferkeɘrs·læjer]

partida (f)	vertrek	[fertrek]
chegada (f)	aankoms	[ānkoms]
chegar (~ de avião)	aankom	[ānkom]

hora (f) de partida	vertrektyd	[fertrək·tajt]
hora (f) de chegada	aankomstyd	[ānkoms·tajt]

estar atrasado	vertraag wees	[fertrāχ veɘs]
atraso (m) de voo	vlugvertraging	[fluχ·fertraχiŋ]

painel (m) de informação	informasiebord	[informasi·bort]
informação (f)	informasie	[informasi]
anunciar (vt)	aankondig	[ānkondɘχ]
voo (m)	vlug	[fluχ]

alfândega (f)	doeane	[duanə]
funcionário (m) da alfândega	doeanebeampte	[duanə·beamptə]

declaração (f) alfandegária	doeaneverklaring	[duanə·ferklariŋ]
preencher (vt)	invul	[inful]
controlo (m) de passaportes	paspoortkontrole	[paspoɘrt·kontrolə]

bagagem (f)	bagasie	[baχasi]
bagagem (f) de mão	handbagasie	[hand·baχasi]
carrinho (m)	bagasiekarretjie	[baχasi·karrəki]

aterragem (f)	landing	[landiŋ]
pista (f) de aterragem	landingsbaan	[landiŋs·bān]
aterrar (vi)	land	[lant]
escada (f) de avião	vliegtuigtrap	[fliχtœiχ·trap]

check-in (m)	na die vertrektoonbank	[na di fertrək·toɘnbank]
balcão (m) do check-in	vertrektoonbank	[fertrək·toɘnbank]
fazer o check-in	na die vertrektoonbank gaan	[na di fertrək·toɘnbank χān]
cartão (m) de embarque	instapkaart	[instap·kārt]
porta (f) de embarque	vertrekuitgang	[fertrek·œitχaŋ]

trânsito (m)	transito	[traŋsito]
esperar (vi, vt)	wag	[vaχ]

sala (f) de espera	vertreksaal	[fertrək·sãl]
despedir-se de ...	afsien	[afsin]
despedir-se (vr)	afskeid neem	[afskæjt neəm]

24. Avião

avião (m)	vliegtuig	[fliχtœiχ]
bilhete (m) de avião	lugkaartjie	[luχ·kãrki]
companhia (f) aérea	lugredery	[luχredərəj]
aeroporto (m)	lughawe	[luχhavə]
supersónico	supersonies	[supersonis]

comandante (m) do avião	kaptein	[kaptæjn]
tripulação (f)	bemanning	[bemanniŋ]
piloto (m)	piloot	[piloət]
hospedeira (f) de bordo	lugwaardin	[luχ·wãrdin]
copiloto (m)	navigator	[nafiχator]

asas (f pl)	vlerke	[flerkə]
cauda (f)	stert	[stert]
cabine (f) de pilotagem	stuurkajuit	[stɪr·kajœit]
motor (m)	enjin	[ɛndʒin]

| trem (m) de aterragem | landingstel | [landiŋ·stəl] |
| turbina (f) | turbine | [turbinə] |

| hélice (f) | skroef | [skruf] |
| caixa-preta (f) | swart boks | [swart boks] |

| coluna (f) de controlo | stuurstang | [stɪr·staŋ] |
| combustível (m) | brandstof | [brantstof] |

instruções (f pl) de segurança	veiligheidskaart	[fæjliχæjts·kãrt]
máscara (f) de oxigénio	suurstofmasker	[sɪrstof·maskər]
uniforme (m)	uniform	[uniform]

| colete (m) salva-vidas | reddingsbaadjie | [rɛddiŋs·bãdʒi] |
| paraquedas (m) | valskerm | [fal·skerm] |

descolagem (f)	opstyging	[opstajχiŋ]
descolar (vi)	opstyg	[opstajχ]
pista (f) de descolagem	landingsbaan	[landiŋs·bãn]

| visibilidade (f) | uitsig | [œitsəχ] |
| voo (m) | vlug | [fluχ] |

| altura (f) | hoogte | [hoəχtə] |
| poço (m) de ar | lugsak | [luχsak] |

assento (m)	sitplek	[sitplek]
auscultadores (m pl)	koptelefoon	[kop·telefoən]
mesa (f) rebatível	voutafeltjie	[fæʊ·tafɛlki]
vigia (f)	vliegtuigvenster	[fliχtœiχ·fɛnstər]
passagem (f)	paadjie	[pãdʒi]

31

25. Comboio

comboio (m)	trein	[træjn]
comboio (m) suburbano	voorstedelike trein	[foərstedelike træjn]
comboio (m) rápido	sneltrein	[snɛl·træjn]
locomotiva (f) diesel	diesellokomotief	[disəl·lokomotif]
comboio (m) a vapor	stoomlokomotief	[stoəm·lokomotif]
carruagem (f)	passasierswa	[passasirs·wa]
carruagem restaurante (f)	eetwa	[eət·wa]
carris (m pl)	spoorstawe	[spoər·stave]
caminho de ferro (m)	spoorweg	[spoər·weχ]
travessa (f)	dwarslêer	[dwarslɛər]
plataforma (f)	perron	[perron]
linha (f)	spoor	[spoər]
semáforo (m)	semafoor	[semafoər]
estação (f)	stasie	[stasi]
maquinista (m)	treindrywer	[træjn·drajvər]
bagageiro (m)	portier	[portir]
hospedeiro, -a (da carruagem)	kondukteur	[konduktøər]
passageiro (m)	passasier	[passasir]
revisor (m)	kondukteur	[konduktøər]
corredor (m)	gang	[χaŋ]
freio (m) de emergência	noodrem	[noədrem]
compartimento (m)	kompartiment	[kompartiment]
cama (f)	bed	[bet]
cama (f) de cima	boonste bed	[boəŋstə bet]
cama (f) de baixo	onderste bed	[ondərstə bet]
roupa (f) de cama	beddegoed	[beddə·χut]
bilhete (m)	kaartjie	[kãrki]
horário (m)	diensrooster	[diŋs·roəstər]
painel (m) de informação	informasiebord	[informasi·bort]
partir (vt)	vertrek	[fertrek]
partida (f)	vertrek	[fertrek]
chegar (vi)	aankom	[ãnkom]
chegada (f)	aankoms	[ãnkoms]
chegar de comboio	aankom per trein	[ãnkom pər træjn]
apanhar o comboio	in die trein klim	[in di træjn klim]
sair do comboio	uit die trein klim	[œit di træjn klim]
acidente (m) ferroviário	treinbotsing	[træjn·botsiŋ]
descarrilar (vi)	ontspoor	[ontspoər]
comboio (m) a vapor	stoomlokomotief	[stoəm·lokomotif]
fogueiro (m)	stoker	[stokər]
fornalha (f)	stookplek	[stoəkplek]
carvão (m)	steenkool	[steən·koəl]

26. Barco

navio (m)	skip	[skip]
embarcação (f)	vaartuig	[fɑ̃rtœiχ]
vapor (m)	stoomboot	[stoəm·boət]
navio (m)	rivierboot	[rifir·boət]
transatlântico (m)	toerskip	[tur·skip]
cruzador (m)	kruiser	[krœisər]
iate (m)	jag	[jaχ]
rebocador (m)	sleepboot	[sleəp·boət]
barcaça (f)	vragskuit	[fraχ·skœit]
ferry (m)	veerboot	[feər·boət]
veleiro (m)	seilskip	[sæjl·skip]
bergantim (m)	skoenerbrik	[skunər·brik]
quebra-gelo (m)	ysbreker	[ajs·brekər]
submarino (m)	duikboot	[dœik·boət]
bote, barco (m)	roeiboot	[ruiboət]
bote, dingue (m)	bootjie	[boəki]
bote (m) salva-vidas	reddingsboot	[rɛddiŋs·boət]
lancha (f)	motorboot	[motor·boət]
capitão (m)	kaptein	[kaptæjn]
marinheiro (m)	seeman	[seəman]
marujo (m)	matroos	[matroəs]
tripulação (f)	bemanning	[bemanniŋ]
contramestre (m)	bootsman	[boətsman]
grumete (m)	skeepsjonge	[skeəps·joŋə]
cozinheiro (m) de bordo	kok	[kok]
médico (m) de bordo	skeepsdokter	[skeəps·doktər]
convés (m)	dek	[dek]
mastro (m)	mas	[mas]
vela (f)	seil	[sæjl]
porão (m)	skeepsruim	[skeəps·rœim]
proa (f)	boeg	[buχ]
popa (f)	agterstewe	[aχtərstevə]
remo (m)	roeispaan	[ruis·pãn]
hélice (f)	skroef	[skruf]
camarote (m)	kajuit	[kajœit]
sala (f) dos oficiais	offisierskajuit	[offisirs·kajœit]
sala (f) das máquinas	enjinkamer	[ɛndʒin·kamər]
ponte (m) de comando	brug	[bruχ]
sala (f) de comunicações	radiokamer	[radio·kamər]
onda (f) de rádio	golf	[χolf]
diário (m) de bordo	logboek	[loχbuk]
luneta (f)	verkyker	[ferkajkər]
sino (m)	bel	[bəl]

bandeira (f)	vlag	[flaχ]
cabo (m)	kabel	[kabəl]
nó (m)	knoop	[knoəp]
corrimão (m)	dekleuning	[dek·løəniŋ]
prancha (f) de embarque	gangplank	[χaŋ·plank]
âncora (f)	anker	[ankər]
recolher a âncora	anker lig	[ankər ləχ]
lançar a âncora	anker uitgooi	[ankər œitχoj]
amarra (f)	ankerketting	[ankər·kɛttiŋ]
porto (m)	hawe	[havə]
cais, amarradouro (m)	kaai	[kāi]
atracar (vi)	vasmeer	[fasmeər]
desatracar (vi)	vertrek	[fertrek]
viagem (f)	reis	[ræjs]
cruzeiro (m)	cruise	[kru:s]
rumo (m), rota (f)	koers	[kurs]
itinerário (m)	roete	[rutə]
canal (m) navegável	vaarwater	[fār·vatər]
baixio (m)	sandbank	[sand·bank]
encalhar (vt)	strand	[strant]
tempestade (f)	storm	[storm]
sinal (m)	sienjaal	[sinjāl]
afundar-se (vr)	sink	[sink]
Homem ao mar!	Man oorboord!	[man oərboərd!]
SOS	SOS	[sos]
boia (f) salva-vidas	reddingsboei	[rɛddiŋs·bui]

CIDADE

27. Transportes urbanos

autocarro (m)	bus	[bus]
elétrico (m)	trem	[trem]
troleicarro (m)	trembus	[trembus]
itinerário (m)	busroete	[bus·rutə]
número (m)	nommer	[nommər]

ir de ... (carro, etc.)	ry per ...	[raj pər ...]
entrar (~ no autocarro)	inklim	[inklim]
descer de ...	uitklim ...	[œitklim ...]

paragem (f)	halte	[haltə]
próxima paragem (f)	volgende halte	[folχendə haltə]
ponto (m) final	eindpunt	[æjnd·punt]
horário (m)	diensrooster	[diŋs·roəstər]
esperar (vt)	wag	[vaχ]

bilhete (m)	kaartjie	[kãrki]
custo (m) do bilhete	reistarief	[ræjs·tarif]

bilheteiro (m)	kaartjieverkoper	[kãrki·ferkopər]
controlo (m) dos bilhetes	kaartjiekontrole	[kãrki·kontrolə]
revisor (m)	kontroleur	[kontroløər]

atrasar-se (vr)	laat wees	[lãt veəs]
perder (o autocarro, etc.)	mis	[mis]
estar com pressa	haastig wees	[hãstəχ veəs]

táxi (m)	taxi	[taksi]
taxista (m)	taxibestuurder	[taksi·bestɪrdər]

de táxi (ir ~)	per taxi	[pər taksi]
praça (f) de táxis	taxistaanplek	[taksi·stãnplek]

tráfego (m)	verkeer	[ferkeər]
engarrafamento (m)	verkeersknoop	[ferkeərs·knoəp]
horas (f pl) de ponta	spitsuur	[spits·ɪr]
estacionar (vi)	parkeer	[parkeər]

estacionar (vt)	parkeer	[parkeər]
parque (m) de estacionamento	parkeerterrein	[parkeər·terræjn]

metro (m)	metro	[metro]
estação (f)	stasie	[stasi]
ir de metro	die metro vat	[di metro fat]
comboio (m)	trein	[træjn]
estação (f)	treinstasie	[træjn·stasi]

28. Cidade. Vida na cidade

cidade (f)	stad	[stat]
capital (f)	hoofstad	[hoəf·stat]
aldeia (f)	dorp	[dorp]
mapa (m) da cidade	stadskaart	[stats·kãrt]
centro (m) da cidade	sentrum	[sentrum]
subúrbio (m)	voorstad	[foərstat]
suburbano	voorstedelik	[foərstedelik]
periferia (f)	buitewyke	[bœitəvajkə]
arredores (m pl)	omgewing	[omχeviŋ]
quarteirão (m)	stadswyk	[stats·wajk]
quarteirão (m) residencial	woonbuurt	[voənbɪrt]
tráfego (m)	verkeer	[ferkeər]
semáforo (m)	robot	[robot]
transporte (m) público	openbare vervoer	[openbarə ferfur]
cruzamento (m)	kruispunt	[krœis·punt]
passadeira (f)	sebraoorgang	[sebra·oərχaŋ]
passagem (f) subterrânea	voetgangertonnel	[futχaŋər·tonnəl]
cruzar, atravessar (vt)	oorsteek	[oərsteək]
peão (m)	voetganger	[futχaŋər]
passeio (m)	sypaadjie	[saj·pãdʒi]
ponte (f)	brug	[bruχ]
margem (f) do rio	wal	[val]
fonte (f)	fontein	[fontæjn]
alameda (f)	laning	[laniŋ]
parque (m)	park	[park]
bulevar (m)	boulevard	[bulefar]
praça (f)	plein	[plæjn]
avenida (f)	laan	[lãn]
rua (f)	straat	[strãt]
travessa (f)	systraat	[saj·strãt]
beco (m) sem saída	doodloopstraat	[doədloəp·strãt]
casa (f)	huis	[hœis]
edifício, prédio (m)	gebou	[χebæʊ]
arranha-céus (m)	wolkekrabber	[volkə·krabbər]
fachada (f)	gewel	[χevəl]
telhado (m)	dak	[dak]
janela (f)	venster	[fɛŋstər]
arco (m)	arkade	[arkadə]
coluna (f)	kolom	[kolom]
esquina (f)	hoek	[huk]
montra (f)	uitstalraam	[œitstalrãm]
letreiro (m)	reklamebord	[reklamə·bort]
cartaz (m)	plakkaat	[plakkãt]
cartaz (m) publicitário	reklameplakkaat	[reklamə·plakkãt]

painel (m) publicitário	aanplakbord	[ānplakbort]
lixo (m)	vullis	[fullis]
cesta (f) do lixo	vullisbak	[fullis·bak]
jogar lixo na rua	rommel strooi	[rommǝl stroj]
aterro (m) sanitário	vullishoop	[fullis·hoǝp]

cabine (f) telefónica	telefoonhokkie	[telefoǝn·hokki]
candeeiro (m) de rua	lamppaal	[lamp·pāl]
banco (m)	bank	[bank]

polícia (m)	polisieman	[polisi·man]
polícia (instituição)	polisie	[polisi]
mendigo (m)	bedelaar	[bedelār]
sem-abrigo (m)	daklose	[daklosǝ]

29. Instituições urbanas

loja (f)	winkel	[vinkǝl]
farmácia (f)	apteek	[apteǝk]
ótica (f)	optisiën	[optisiɛn]
centro (m) comercial	winkelsentrum	[vinkǝl·sentrum]
supermercado (m)	supermark	[supermark]

padaria (f)	bakkery	[bakkeraj]
padeiro (m)	bakker	[bakkǝr]
pastelaria (f)	banketbakkery	[banket·bakkeraj]
mercearia (f)	kruidenierswinkel	[krœidenirs·vinkǝl]
talho (m)	slagter	[slaχtǝr]

loja (f) de legumes	groentewinkel	[χruntǝ·vinkǝl]
mercado (m)	mark	[mark]

café (m)	koffiekroeg	[koffi·kruχ]
restaurante (m)	restaurant	[restɔurant]
bar (m), cervejaria (f)	kroeg	[kruχ]
pizzaria (f)	pizzeria	[pizzeria]

salão (m) de cabeleireiro	haarsalon	[hār·salon]
correios (m pl)	poskantoor	[pos·kantoǝr]
lavandaria (f)	droogskoonmakers	[droǝχ·skoǝn·makers]
estúdio (m) fotográfico	fotostudio	[foto·studio]

sapataria (f)	skoenwinkel	[skun·vinkǝl]
livraria (f)	boekhandel	[buk·handǝl]
loja (f) de artigos de desporto	sportwinkel	[sport·vinkǝl]

reparação (f) de roupa	klereherstelwinkel	[klerǝ·herstǝl·vinkǝl]
aluguer (m) de roupa	klereverhuurwinkel	[klerǝ·ferhɪr·vinkǝl]
aluguer (m) de filmes	videowinkel	[video·vinkǝl]

circo (m)	sirkus	[sirkus]
jardim (m) zoológico	dieretuin	[dirǝ·tœin]
cinema (m)	bioskoop	[bioskoǝp]
museu (m)	museum	[musøǝm]

biblioteca (f)	biblioteek	[biblioteek]
teatro (m)	teater	[teatər]
ópera (f)	opera	[opera]
clube (m) noturno	nagklub	[naχ·klup]
casino (m)	kasino	[kasino]

mesquita (f)	moskee	[moskee]
sinagoga (f)	sinagoge	[sinaχoχə]
catedral (f)	katedraal	[katedrãl]
templo (m)	tempel	[tempəl]
igreja (f)	kerk	[kerk]

instituto (m)	kollege	[kolledʒ]
universidade (f)	universiteit	[unifersitæjt]
escola (f)	skool	[skoəl]

prefeitura (f)	stadhuis	[stat·hœis]
câmara (f) municipal	stadhuis	[stat·hœis]
hotel (m)	hotel	[hotəl]
banco (m)	bank	[bank]

embaixada (f)	ambassade	[ambassadə]
agência (f) de viagens	reisagentskap	[ræjs·aχentskap]
agência (f) de informações	inligtingskantoor	[inliχtiŋs·kantoər]
casa (f) de câmbio	wisselkantoor	[vissəl·kantoər]

metro (m)	metro	[metro]
hospital (m)	hospitaal	[hospitãl]

posto (m) de gasolina	petrolstasie	[petrol·stasi]
parque (m) de estacionamento	parkeerterrein	[parkeər·terræjn]

30. Sinais

letreiro (m)	reklamebord	[reklamə·bort]
inscrição (f)	kennisgewing	[kɛnnis·χeviŋ]
cartaz, póster (m)	plakkaat	[plakkãt]
sinal (m) informativo	rigtingwyser	[riχtiŋ·wajsər]
seta (f)	pyl	[pajl]

aviso (advertência)	waarskuwing	[vãrskuviŋ]
sinal (m) de aviso	waarskuwingsbord	[vãrskuviŋs·bort]
avisar, advertir (vt)	waarsku	[vãrsku]

dia (m) de folga	rusdag	[rusdaχ]
horário (m)	diensrooster	[diŋs·roəstər]
horário (m) de funcionamento	besigheidsure	[besiχæjts·urə]

BEM-VINDOS!	WELKOM!	[vɛlkom!]
ENTRADA	INGANG	[inχaŋ]
SAÍDA	UITGANG	[œitχaŋ]

EMPURRE	STOOT	[stoət]
PUXE	TREK	[trek]

ABERTO	OOP	[oəp]
FECHADO	GESLUIT	[χeslœit]

MULHER	DAMES	[dames]
HOMEM	MANS	[maŋs]

DESCONTOS	AFSLAG	[afslaχ]
SALDOS	UITVERKOPING	[œitferkopiŋ]
NOVIDADE!	NUUT!	[nɪt!]
GRÁTIS	GRATIS	[χratis]

ATENÇÃO!	PAS OP!	[pas op!]
NÃO HÁ VAGAS	VOLBESPREEK	[folbespreək]
RESERVADO	BESPREEK	[bespreək]

ADMINISTRAÇÃO	ADMINISTRASIE	[administrasi]
SOMENTE PESSOAL	SLEGS PERSONEEL	[sleχs personeəl]
AUTORIZADO		

CUIDADO CÃO FEROZ	PAS OP VIR DIE HOND!	[pas op fir di hont!]
PROIBIDO FUMAR!	ROOK VERBODE	[roək ferbodə]
NÃO TOCAR	NIE AANRAAK NIE!	[ni ānrāk ni!]

PERIGOSO	GEVAARLIK	[χefārlik]
PERIGO	GEVAAR	[χefār]
ALTA TENSÃO	HOOGSPANNING	[hoəχ·spanniŋ]
PROIBIDO NADAR	NIE SWEM NIE	[ni swem ni]
AVARIADO	BUITE WERKING	[bœitə verkiŋ]

INFLAMÁVEL	ONTVLAMBAAR	[ontflambār]
PROIBIDO	VERBODE	[ferbodə]
ENTRADA PROIBIDA	TOEGANG VERBODE!	[tuχaŋ ferbode!]
CUIDADO TINTA FRESCA	NAT VERF	[nat ferf]

31. Compras

comprar (vt)	koop	[koəp]
compra (f)	aankoop	[ānkoəp]
fazer compras	inkopies doen	[inkopis dun]
compras (f pl)	inkoop	[inkoəp]

estar aberta (loja, etc.)	oop wees	[oəp veəs]
estar fechada	toe wees	[tu veəs]

calçado (m)	skoeisel	[skuisəl]
roupa (f)	klere	[klerə]
cosméticos (m pl)	kosmetika	[kosmetika]
alimentos (m pl)	voedingsware	[fudiŋs·warə]
presente (m)	present	[present]

vendedor (m)	verkoper	[ferkopər]
vendedora (f)	verkoopsdame	[ferkoəps·damə]
caixa (f)	kassier	[kassir]
espelho (m)	spieël	[spiɛl]

| balcão (m) | toonbank | [toən·bank] |
| cabine (f) de provas | paskamer | [pas·kamər] |

provar (vt)	aanpas	[ānpas]
servir (vi)	pas	[pas]
gostar (apreciar)	hou van	[hæʊ fan]

preço (m)	prys	[prajs]
etiqueta (f) de preço	pryskaartjie	[prajs·kārki]
custar (vt)	kos	[kos]
Quanto?	Hoeveel?	[hufeəl?]
desconto (m)	afslag	[afslaχ]

não caro	billik	[billik]
barato	goedkoop	[χudkoəp]
caro	duur	[dɪr]
É caro	dis duur	[dis dɪr]

aluguer (m)	verhuur	[ferhɪr]
alugar (vestidos, etc.)	verhuur	[ferhɪr]
crédito (m)	krediet	[kredit]
a crédito	op krediet	[op kredit]

VESTUÁRIO & ACESSÓRIOS

32. Roupa exterior. Casacos

roupa (f)	klere	[klerə]
roupa (f) exterior	oorklere	[oərklerə]
roupa (f) de inverno	winterklere	[vintər·klerə]
sobretudo (m)	jas	[jas]
casaco (m) de peles	pelsjas	[pelʃas]
casaco curto (m) de peles	kort pelsjas	[kort pelʃas]
casaco (m) acolchoado	donsjas	[donʃas]
casaco, blusão (m)	baadjie	[bādʒi]
impermeável (m)	reënjas	[rɛnjas]
impermeável	waterdig	[vatərdəχ]

33. Vestuário de homem & mulher

camisa (f)	hemp	[hemp]
calças (f pl)	broek	[bruk]
calças (f pl) de ganga	denimbroek	[denim·bruk]
casaco (m) de fato	baadjie	[bādʒi]
fato (m)	pak	[pak]
vestido (ex. ~ vermelho)	rok	[rok]
saia (f)	romp	[romp]
blusa (f)	bloes	[blus]
casaco (m) de malha	gebreide baadjie	[χebræjdə bādʒi]
casaco, blazer (m)	baadjie	[bādʒi]
T-shirt, camiseta (f)	T-hemp	[te-hemp]
calções (Bermudas, etc.)	kortbroek	[kort·bruk]
fato (m) de treino	sweetpak	[sweət·pak]
roupão (m) de banho	badjas	[batjas]
pijama (m)	pajama	[pajama]
suéter (m)	trui	[trœi]
pulôver (m)	trui	[trœi]
colete (m)	onderbaadjie	[ondər·bādʒi]
fraque (m)	swaelstertbaadjie	[swaɛlstert·bādʒi]
smoking (m)	aandpak	[āntpak]
uniforme (m)	uniform	[uniform]
roupa (f) de trabalho	werksklere	[verks·klerə]
fato-macaco (m)	oorpak	[oərpak]
bata (~ branca, etc.)	jas	[jas]

34. Vestuário. Roupa interior

roupa (f) interior	onderklere	[ondərklerə]
cuecas boxer (f pl)	onderbroek	[ondərbruk]
cuecas (f pl)	onderbroek	[ondərbruk]
camisola (f) interior	frokkie	[frɔkki]
peúgas (f pl)	sokkies	[sokkis]

camisa (f) de noite	nagrok	[naχrok]
sutiã (m)	bra	[bra]
meias longas (f pl)	kniekouse	[kni·kæʊsə]
meias-calças (f pl)	kousbroek	[kæʊsbruk]
meias (f pl)	kouse	[kæʊsə]
fato (m) de banho	baaikostuum	[bāj·kostɪm]

35. Adereços de cabeça

chapéu (m)	hoed	[hut]
chapéu (m) de feltro	hoed	[hut]
boné (m) de beisebol	bofbalpet	[bofbal·pet]
boné (m)	pet	[pet]

boina (f)	mus	[mus]
capuz (m)	kap	[kap]
panamá (m)	panamahoed	[panama·hut]
gorro (m) de malha	gebreide mus	[χebræjdə mus]

lenço (m)	kopdoek	[kopduk]
chapéu (m) de mulher	dameshoed	[dames·hut]

capacete (m) de proteção	veiligheidshelm	[fæjliχæjts·hɛlm]
bivaque (m)	mus	[mus]
capacete (m)	helmet	[hɛlmet]

chapéu-coco (m)	bolhoed	[bolhut]
chapéu (m) alto	hoëhoed	[hoɛhut]

36. Calçado

calçado (m)	skoeisel	[skuisəl]
botinas (f pl)	mansskoene	[maŋs·skunə]
sapatos (de salto alto, etc.)	damesskoene	[dames·skunə]
botas (f pl)	laarse	[lārsə]
pantufas (f pl)	pantoffels	[pantoffəls]

ténis (m pl)	tennisskoene	[tɛnnis·skunə]
sapatilhas (f pl)	tekkies	[tɛkkis]
sandálias (f pl)	sandale	[sandalə]

sapateiro (m)	skoenmaker	[skun·makər]
salto (m)	hak	[hak]

par (m)	paar	[pãr]
atacador (m)	skoenveter	[skun·fetər]
apertar os atacadores	ryg	[rajχ]
calçadeira (f)	skoenlepel	[skun·lepəl]
graxa (f) para calçado	skoenpolitoer	[skun·politur]

37. Acessórios pessoais

luvas (f pl)	handskoene	[handskunə]
mitenes (f pl)	duimhandskoene	[dœim·handskunə]
cachecol (m)	serp	[serp]

óculos (m pl)	bril	[bril]
armação (f) de óculos	raam	[rãm]
guarda-chuva (m)	sambreel	[sambreəl]
bengala (f)	wandelstok	[vandəl·stok]
escova (f) para o cabelo	haarborsel	[hãr·borsəl]
leque (m)	waaier	[vãjer]

gravata (f)	das	[das]
gravata-borboleta (f)	strikkie	[strikki]
suspensórios (m pl)	kruisbande	[krœis·bandə]
lenço (m)	sakdoek	[sakduk]

pente (m)	kam	[kam]
travessão (m)	haarspeld	[hãrs·pɛlt]
gancho (m) de cabelo	haarpen	[hãr·pen]
fivela (f)	gespe	[χespə]

cinto (m)	belt	[bɛlt]
correia (f)	skouerband	[skæuer·bant]

mala (f)	handsak	[hand·sak]
mala (f) de senhora	beursie	[bøərsi]
mochila (f)	rugsak	[ruχsak]

38. Vestuário. Diversos

moda (f)	mode	[modə]
na moda	in die mode	[in di modə]
estilista (m)	modeontwerper	[modə·ontwerpər]

colarinho (m), gola (f)	kraag	[krãχ]
bolso (m)	sak	[sak]
de bolso	sak-	[sak-]
manga (f)	mou	[mæʊ]
presilha (f)	lussie	[lussi]
braguilha (f)	gulp	[χulp]

fecho (m) de correr	ritssluiter	[rits·slœitər]
fecho (m), colchete (m)	vasmaker	[fasmakər]
botão (m)	knoop	[knoəp]

casa (f) de botão	knoopsgat	[knoəps·χat]
saltar (vi) (botão, etc.)	loskom	[loskom]

coser, costurar (vi)	naai	[nãi]
bordar (vt)	borduur	[bordɪr]
bordado (m)	borduurwerk	[bordɪr·werk]
agulha (f)	naald	[nãlt]
fio (m)	garing	[χariŋ]
costura (f)	soom	[soəm]

sujar-se (vr)	vuil word	[fœil vort]
mancha (f)	vlek	[flek]
engelhar-se (vr)	kreukel	[krøəkəl]
rasgar (vt)	skeur	[skøər]
traça (f)	mot	[mot]

39. Cuidados pessoais. Cosméticos

pasta (f) de dentes	tandepasta	[tandə·pasta]
escova (f) de dentes	tandeborsel	[tandə·borsəl]
escovar os dentes	tande borsel	[tandə borsəl]

máquina (f) de barbear	skeermes	[skeər·mes]
creme (m) de barbear	skeerroom	[skeər·roəm]
barbear-se (vr)	skeer	[skeər]

sabonete (m)	seep	[seəp]
champô (m)	sjampoe	[ʃampu]

tesoura (f)	skêr	[skær]
lima (f) de unhas	naelvyl	[naɛl·fajl]
corta-unhas (m)	naelknipper	[naɛl·knippər]
pinça (f)	haartangetjie	[hãrtaŋəki]

cosméticos (m pl)	kosmetika	[kosmetika]
máscara (f) facial	gesigmasker	[χesiχ·maskər]
manicura (f)	manikuur	[manikɪr]
fazer a manicura	laat manikuur	[lãt manikɪr]
pedicure (f)	voetbehandeling	[fut·behandeliŋ]

mala (f) de maquilhagem	kosmetika tassie	[kosmetika tassi]
pó (m)	gesigpoeier	[χesiχ·pujer]
caixa (f) de pó	poeierdosie	[pujer·dosi]
blush (m)	blosser	[blossər]

perfume (m)	parfuum	[parfɪm]
água (f) de toilette	reukwater	[røək·vatər]
loção (f)	vloeiroom	[flui·roəm]
água-de-colónia (f)	reukwater	[røək·vatər]

sombra (f) de olhos	oogskadu	[oəχ·skadu]
lápis (m) delineador	oogomlyner	[oəχ·omlajnər]
máscara (f), rímel (m)	maskara	[maskara]
batom (m)	lipstiffie	[lip·stiffi]

verniz (m) de unhas	naellak	[naɛl·lak]
laca (f) para cabelos	haarsproei	[hārs·prui]
desodorizante (m)	reukweermiddel	[røək·veərmiddəl]
creme (m)	room	[roəm]
creme (m) de rosto	gesigroom	[χesiχ·roəm]
creme (m) de mãos	handroom	[hand·roəm]
creme (m) antirrugas	antirimpelroom	[antirimpəl·roəm]
creme (m) de dia	dagroom	[daχ·roəm]
creme (m) de noite	nagroom	[naχ·roəm]
de dia	dag-	[daχ-]
da noite	nag-	[naχ-]
tampão (m)	tampon	[tampon]
papel (m) higiénico	toiletpapier	[tojlet·papir]
secador (m) elétrico	haardroër	[hār·droɛr]

40. Relógios de pulso. Relógios

relógio (m) de pulso	polshorlosie	[pols·horlosi]
mostrador (m)	wyserplaat	[vajsər·plāt]
ponteiro (m)	wyster	[vajstər]
bracelete (f) em aço	metaal horlosiebandjie	[metāl horlosi·bandʒi]
bracelete (f) em pele	horlosiebandjie	[horlosi·bandʒi]
pilha (f)	battery	[battəraj]
descarregar-se	pap wees	[pap veəs]
estar adiantado	voorloop	[foərloəp]
estar atrasado	agterloop	[aχtərloəp]
relógio (m) de parede	muurhorlosie	[mɪr·horlosi]
ampulheta (f)	uurglas	[ɪr·χlas]
relógio (m) de sol	sonwyser	[son·wajsər]
despertador (m)	wekker	[vɛkkər]
relojoeiro (m)	horlosiemaker	[horlosi·makər]
reparar (vt)	herstel	[herstəl]

EXPERIÊNCIA DO QUOTIDIANO

41. Dinheiro

dinheiro (m)	geld	[χɛlt]
câmbio (m)	valutaruil	[faluta·rœil]
taxa (f) de câmbio	wisselkoers	[vissəl·kurs]
Caixa Multibanco (m)	OTM	[o·te·em]
moeda (f)	muntstuk	[muntstuk]
dólar (m)	dollar	[dollar]
euro (m)	euro	[øəro]
lira (f)	lira	[lira]
marco (m)	Duitse mark	[dœitsə mark]
franco (m)	frank	[frank]
libra (f) esterlina	pond sterling	[pont sterliŋ]
iene (m)	yen	[jɛn]
dívida (f)	skuld	[skult]
devedor (m)	skuldenaar	[skuldenãr]
emprestar (vt)	uitleen	[œitleən]
pedir emprestado	leen	[leən]
banco (m)	bank	[bank]
conta (f)	rekening	[rekəniŋ]
depositar (vt)	deponeer	[deponeər]
levantar (vt)	trek	[trek]
cartão (m) de crédito	kredietkaart	[kredit·kãrt]
dinheiro (m) vivo	kontant	[kontant]
cheque (m)	tjek	[ʧek]
livro (m) de cheques	tjekboek	[ʧek·buk]
carteira (f)	beursie	[bøərsi]
porta-moedas (m)	muntstukbeursie	[muntstuk·bøərsi]
cofre (m)	brandkas	[brant·kas]
herdeiro (m)	erfgenaam	[ɛrfχənãm]
herança (f)	erfenis	[ɛrfenis]
fortuna (riqueza)	fortuin	[fortœin]
arrendamento (m)	huur	[hɪr]
renda (f) de casa	huur	[hɪr]
alugar (vt)	huur	[hɪr]
preço (m)	prys	[prajs]
custo (m)	prys	[prajs]
soma (f)	som	[som]
gastar (vt)	spandeer	[spandeər]

gastos (m pl)	onkoste	[onkostə]
economizar (vi)	besuinig	[besœinəχ]
económico	ekonomies	[ɛkonomis]

pagar (vt)	betaal	[betāl]
pagamento (m)	betaling	[betaliŋ]
troco (m)	wisselgeld	[vissəl·χɛlt]

imposto (m)	belasting	[belastiŋ]
multa (f)	boete	[butə]
multar (vt)	beboet	[bebut]

42. Correios. Serviço postal

correios (m pl)	poskantoor	[pos·kantoər]
correio (m)	pos	[pos]
carteiro (m)	posbode	[pos·bodə]
horário (m)	besigheidsure	[besiχæjts·urə]

carta (f)	brief	[brif]
carta (f) registada	geregistreerde brief	[χereχistreərdə brif]
postal (m)	poskaart	[pos·kārt]
telegrama (m)	telegram	[teleχram]
encomenda (f) postal	pakkie	[pakki]
remessa (f) de dinheiro	geldoorplasing	[χɛld·oərplasiŋ]

receber (vt)	ontvang	[ontfaŋ]
enviar (vt)	stuur	[stɨr]
envio (m)	versending	[fersendiŋ]

endereço (m)	adres	[adres]
código (m) postal	poskode	[pos·kodə]
remetente (m)	sender	[sendər]
destinatário (m)	ontvanger	[ontfaŋər]

| nome (m) | voornaam | [foərnãm] |
| apelido (m) | van | [fan] |

tarifa (f)	postarief	[pos·tarif]
normal	standaard	[standārt]
económico	ekonomies	[ɛkonomis]

peso (m)	gewig	[χeveχ]
pesar (estabelecer o peso)	weeg	[veəχ]
envelope (m)	koevert	[kufert]
selo (m)	posseël	[pos·seɛl]

43. Banca

banco (m)	bank	[bank]
sucursal, balcão (f)	tak	[tak]
consultor (m)	bankklerk	[bank·klerk]

47

gerente (m)	bestuurder	[bestɪrdər]
conta (f)	bankrekening	[bank·rekəniŋ]
número (m) da conta	rekeningnommer	[rekəniŋ·nommər]
conta (f) corrente	tjekrekening	[ʧek·rekəniŋ]
conta (f) poupança	spaarrekening	[spãr·rekəniŋ]
fechar uma conta	die rekening sluit	[di rekəniŋ slœit]
levantar (vt)	trek	[trek]
depósito (m)	deposito	[deposito]
transferência (f) bancária	telegrafiese oorplasing	[teleχrafisə oərplasiŋ]
transferir (vt)	oorplaas	[oərplãs]
soma (f)	som	[som]
Quanto?	Hoeveel?	[hufeəl?]
assinatura (f)	handtekening	[hand·tekəniŋ]
assinar (vt)	onderteken	[ondərtekən]
cartão (m) de crédito	kredietkaart	[kredit·kãrt]
código (m)	kode	[kodə]
número (m) do cartão de crédito	kredietkaartnommer	[kredit·kãrt·nommər]
Caixa Multibanco (m)	OTM	[o·te·em]
cheque (m)	tjek	[ʧek]
livro (m) de cheques	tjekboek	[ʧek·buk]
empréstimo (m)	lening	[leniŋ]
garantia (f)	waarborg	[vãrborχ]

44. Telefone. Conversação telefónica

telefone (m)	telefoon	[telefoən]
telemóvel (m)	selfoon	[sɛlfoən]
secretária (f) electrónica	antwoordmasjien	[antwoərt·maʃin]
fazer uma chamada	bel	[bəl]
chamada (f)	oproep	[oprup]
Alô!	Hallo!	[hallo!]
perguntar (vt)	vra	[fra]
responder (vt)	antwoord	[antwoərt]
ouvir (vt)	hoor	[hoər]
bem	goed	[χut]
mal	nie goed nie	[ni χut ni]
ruído (m)	steurings	[støəriŋs]
auscultador (m)	gehoorstuk	[χehoərstuk]
pegar o telefone	optel	[optəl]
desligar (vi)	afskakel	[afskakəl]
ocupado	besig	[besəχ]
tocar (vi)	lui	[lœi]

48

lista (f) telefónica	telefoongids	[telefoən·χids]
local	lokale	[lokalə]
chamada (f) local	lokale oproep	[lokalə oprup]
para outra cidade	langafstand	[lanχ·afstant]
chamada (f) para outra cidade	langafstand oproep	[lanχ·afstant oprup]
internacional	internasionale	[internaʃionalə]
chamada (f) internacional	internasionale oproep	[internaʃionalə oprup]

45. Telefone móvel

telemóvel (m)	selfoon	[sɛlfoən]
ecrã (m)	skerm	[skerm]
botão (m)	knoppie	[knɔppi]
cartão SIM (m)	SIMkaart	[sim·kãrt]

bateria (f)	battery	[battəraj]
descarregar-se	pap wees	[pap veəs]
carregador (m)	batterylaaier	[battəraj·lajer]

menu (m)	spyskaart	[spajs·kãrt]
definições (f pl)	instellings	[instɛlliŋs]
melodia (f)	wysie	[vajsi]
escolher (vt)	kies	[kis]

calculadora (f)	sakrekenaar	[sakrekənãr]
correio (m) de voz	stempos	[stem·pos]
despertador (m)	wekker	[vɛkkər]
contatos (m pl)	kontakte	[kontaktə]

| mensagem (f) de texto | SMS | [es·em·es] |
| assinante (m) | intekenaar | [intekənãr] |

46. Estacionário

| caneta (f) | bolpen | [bol·pen] |
| caneta (f) tinteiro | vulpen | [ful·pen] |

lápis (m)	potlood	[potloət]
marcador (m)	merkpen	[merk·pen]
caneta (f) de feltro	viltpen	[filt·pen]

| bloco (m) de notas | notaboekie | [nota·buki] |
| agenda (f) | dagboek | [daχ·buk] |

régua (f)	liniaal	[liniãl]
calculadora (f)	sakrekenaar	[sakrekənãr]
borracha (f)	uitveër	[œitfeɛr]
pionés (m)	duimspyker	[dœim·spajkər]
clipe (m)	skuifspeld	[skœif·spɛlt]

| cola (f) | gom | [χom] |
| agrafador (m) | krammasjien | [kram·maʃin] |

| furador (m) | ponsmasjien | [pɔŋs·maʃin] |
| afia-lápis (m) | skerpmaker | [skerp·makər] |

47. Línguas estrangeiras

língua (f)	taal	[tāl]
estrangeiro	vreemd	[freəmt]
língua (f) estrangeira	vreemde taal	[freəmdə tāl]
estudar (vt)	studeer	[studeər]
aprender (vt)	leer	[leər]

ler (vt)	lees	[leəs]
falar (vi)	praat	[prāt]
compreender (vt)	verstaan	[ferstān]
escrever (vt)	skryf	[skrajf]

rapidamente	vinnig	[finnəχ]
devagar	stadig	[stadəχ]
fluentemente	vlot	[flot]

regras (f pl)	reëls	[reɛls]
gramática (f)	grammatika	[χrammatika]
vocabulário (m)	woordeskat	[voərdeskat]
fonética (f)	fonetika	[fonetika]

manual (m) escolar	handboek	[hand·buk]
dicionário (m)	woordeboek	[voərdə·buk]
manual (m) de autoaprendizagem	selfstudie boek	[sɛlfstudi buk]
guia (m) de conversação	taalgids	[tāl·χids]

cassete (f)	kasset	[kasset]
vídeo cassete (m)	videoband	[video·bant]
CD (m)	CD	[se·de]
DVD (m)	DVD	[de·fe·de]

alfabeto (m)	alfabet	[alfabet]
soletrar (vt)	spel	[spel]
pronúncia (f)	uitspraak	[œitsprāk]
sotaque (m)	aksent	[aksent]

| palavra (f) | woord | [voərt] |
| sentido (m) | betekenis | [betekənis] |

cursos (m pl)	kursus	[kursus]
inscrever-se (vr)	inskryf	[inskrajf]
professor (m)	onderwyser	[ondərwajsər]

tradução (processo)	vertaling	[fertaliŋ]
tradução (texto)	vertaling	[fertaliŋ]
tradutor (m)	vertaler	[fertalər]
intérprete (m)	tolk	[tolk]
poliglota (m)	poliglot	[poliχlot]
memória (f)	geheue	[χəhøə]

REFEIÇÕES. RESTAURANTE

48. Por a mesa

colher (f)	lepel	[lepəl]
faca (f)	mes	[mes]
garfo (m)	vurk	[furk]
chávena (f)	koppie	[koppi]
prato (m)	bord	[bort]
pires (m)	piering	[piriŋ]
guardanapo (m)	servet	[sɛrfət]
palito (m)	tandestokkie	[tandə·stokki]

49. Restaurante

restaurante (m)	restaurant	[restɔurant]
café (m)	koffiekroeg	[koffi·kruχ]
bar (m), cervejaria (f)	kroeg	[kruχ]
salão (m) de chá	teekamer	[teə·kamər]
empregado (m) de mesa	kelner	[kɛlnər]
empregada (f) de mesa	kelnerin	[kɛlnərin]
barman (m)	kroegman	[kruχman]
ementa (f)	spyskaart	[spajs·kārt]
lista (f) de vinhos	wyn	[vajn]
reservar uma mesa	wynkaart	[vajn·kārt]
prato (m)	gereg	[χerəχ]
pedir (vt)	bestel	[bestəl]
fazer o pedido	bestel	[bestəl]
aperitivo (m)	drankie	[dranki]
entrada (f)	voorgereg	[foərχerəχ]
sobremesa (f)	nagereg	[naχerəχ]
conta (f)	rekening	[rekəniŋ]
pagar a conta	die rekening betaal	[di rekəniŋ betāl]
dar o troco	kleingeld gee	[klæjn·χɛlt χeə]
gorjeta (f)	fooitjie	[fojki]

50. Refeições

comida (f)	kos	[kos]
comer (vt)	eet	[eət]

pequeno-almoço (m)	ontbyt	[ontbajt]
tomar o pequeno-almoço	ontbyt	[ontbajt]
almoço (m)	middagete	[middaχ·etə]
almoçar (vi)	gaan eet	[χān eət]
jantar (m)	aandete	[āndetə]
jantar (vi)	aandete gebruik	[āndetə χebrœik]

apetite (m)	aptyt	[aptajt]
Bom apetite!	Smaaklike ete!	[smāklikə etə!]

abrir (~ uma lata, etc.)	oopmaak	[oəpmāk]
derramar (vt)	mors	[mors]
derramar-se (vr)	mors	[mors]

ferver (vi)	kook	[koək]
ferver (vt)	kook	[koək]
fervido	gekook	[χekoək]
arrefecer (vt)	laat afkoel	[lāt afkul]
arrefecer-se (vr)	afkoel	[afkul]

sabor, gosto (m)	smaak	[smāk]
gostinho (m)	nasmaak	[nasmāk]

fazer dieta	vermaer	[fermaer]
dieta (f)	dieet	[diət]
vitamina (f)	vitamien	[fitamin]
caloria (f)	kalorie	[kalori]
vegetariano (m)	vegetariër	[feχetariɛr]
vegetariano	vegetaries	[feχetaris]

gorduras (f pl)	vette	[fɛttə]
proteínas (f pl)	proteïen	[proteïen]
carboidratos (m pl)	koolhidrate	[koəlhidratə]

fatia (~ de limão, etc.)	snytjie	[snajki]
pedaço (~ de bolo)	stuk	[stuk]
migalha (f)	krummel	[krumməl]

51. Pratos cozinhados

prato (m)	gereg	[χerəχ]
cozinha (~ portuguesa)	kookkuns	[koək·kuns]
receita (f)	resep	[resep]
porção (f)	porsie	[porsi]

salada (f)	slaai	[slāi]
sopa (f)	sop	[sop]

caldo (m)	helder sop	[hɛldər sop]
sandes (f)	toebroodjie	[tubroədʒi]
ovos (m pl) estrelados	gabakte eiers	[χabaktə æjers]

hambúrguer (m)	hamburger	[hamburχər]
bife (m)	biefstuk	[bifstuk]

conduto (m)	sygereg	[saj·χerəχ]
espaguete (m)	spaghetti	[spaχɛtti]
puré (m) de batata	kapokaartappels	[kapok·ārtappəls]
pizza (f)	pizza	[pizza]
papa (f)	pap	[pap]
omelete (f)	omelet	[oməlet]

cozido em água	gekook	[χekoək]
fumado	gerook	[χeroək]
frito	gebak	[χebak]
seco	gedroog	[χedroəχ]
congelado	gevries	[χefris]
em conserva	gepiekel	[χepikəl]

doce (açucarado)	soet	[sut]
salgado	sout	[sæʊt]
frio	koud	[kæʊt]
quente	warm	[varm]
amargo	bitter	[bittər]
gostoso	smaaklik	[smāklik]

cozinhar (em água a ferver)	kook in water	[koək in vatər]
fazer, preparar (vt)	kook	[koək]
fritar (vt)	braai	[braj]
aquecer (vt)	opwarm	[opwarm]

salgar (vt)	sout	[sæʊt]
apimentar (vt)	peper	[pepər]
ralar (vt)	rasp	[rasp]
casca (f)	skil	[skil]
descascar (vt)	skil	[skil]

52. Comida

carne (f)	vleis	[flæjs]
galinha (f)	hoender	[hundər]
frango (m)	braaikuiken	[brāj·kœiken]
pato (m)	eend	[eent]
ganso (m)	gans	[χaŋs]
caça (f)	wild	[vilt]
peru (m)	kalkoen	[kalkun]

carne (f) de porco	varkvleis	[fark·flæjs]
carne (f) de vitela	kalfsvleis	[kalfs·flæjs]
carne (f) de carneiro	lamsvleis	[lams·flæjs]
carne (f) de vaca	beesvleis	[beəs·flæjs]
carne (f) de coelho	konynvleis	[konajn·flæjs]

chouriço, salsichão (m)	wors	[vors]
salsicha (f)	Weense worsie	[veɛŋsə vorsi]
bacon (m)	spek	[spek]
fiambre (f)	ham	[ham]
presunto (m)	gerookte ham	[χeroəktə ham]
patê (m)	patee	[pateə]

53

fígado (m)	lewer	[levər]
carne (f) moída	maalvleis	[mãl·flæjs]
língua (f)	tong	[toŋ]
ovo (m)	eier	[æjer]
ovos (m pl)	eiers	[æjers]
clara (f) do ovo	eierwit	[æjer·wit]
gema (f) do ovo	dooier	[dojer]
peixe (m)	vis	[fis]
marisco (m)	seekos	[seə·kos]
crustáceos (m pl)	skaaldiere	[skãldirə]
caviar (m)	kaviaar	[kafiãr]
caranguejo (m)	krab	[krap]
camarão (m)	garnaal	[χarnãl]
ostra (f)	oester	[ustər]
lagosta (f)	seekreef	[seə·kreəf]
polvo (m)	seekat	[seə·kat]
lula (f)	pylinkvis	[pajl·inkfis]
esturjão (m)	steur	[støər]
salmão (m)	salm	[salm]
halibute (m)	heilbot	[hæjlbot]
bacalhau (m)	kabeljou	[kabeljæʊ]
cavala, sarda (f)	makriel	[makril]
atum (m)	tuna	[tuna]
enguia (f)	paling	[paliŋ]
truta (f)	forel	[forəl]
sardinha (f)	sardyn	[sardajn]
lúcio (m)	varswatersnoek	[farswatər·snuk]
arenque (m)	haring	[hariŋ]
pão (m)	brood	[broət]
queijo (m)	kaas	[kãs]
açúcar (m)	suiker	[sœikər]
sal (m)	sout	[sæʊt]
arroz (m)	rys	[rajs]
massas (f pl)	pasta	[pasta]
talharim (m)	noedels	[nudɛls]
manteiga (f)	botter	[bottər]
óleo (m) vegetal	plantaardige olie	[plantãrdiχə oli]
óleo (m) de girassol	sonblomolie	[sonblom·oli]
margarina (f)	margarien	[marχarin]
azeitonas (f pl)	olywe	[olajvə]
azeite (m)	olyfolie	[olajf·oli]
leite (m)	melk	[melk]
leite (m) condensado	kondensmelk	[kondɛŋs·melk]
iogurte (m)	jogurt	[joχurt]
nata (f)	suurroom	[sɪr·roəm]

54

nata (f) do leite	room	[roəm]
maionese (f)	mayonnaise	[majonɛs]
creme (m)	crème	[krɛm]
grãos (m pl) de cereais	ontbytgraan	[ontbajt·χrān]
farinha (f)	meelblom	[meəl·blom]
enlatados (m pl)	blikkieskos	[blikkis·kos]
flocos (m pl) de milho	mielievlokkies	[mili·flokkis]
mel (m)	heuning	[høəniŋ]
doce (m)	konfyt	[konfajt]
pastilha (f) elástica	kougom	[kæʊχom]

53. Bebidas

água (f)	water	[vatər]
água (f) potável	drinkwater	[drink·vatər]
água (f) mineral	mineraalwater	[minerāl·vatər]
sem gás	sonder gas	[sondər χas]
gaseificada	soda-	[soda-]
com gás	bruis-	[brœis-]
gelo (m)	ys	[ajs]
com gelo	met ys	[met ajs]
sem álcool	nie-alkoholies	[ni-alkoholis]
bebida (f) sem álcool	koeldrank	[kul·drank]
refresco (m)	verfrissende drank	[ferfrissendə drank]
limonada (f)	limonade	[limonadə]
bebidas (f pl) alcoólicas	likeure	[likøərə]
vinho (m)	wyn	[vajn]
vinho (m) branco	witwyn	[vit·vajn]
vinho (m) tinto	rooiwyn	[roj·vajn]
licor (m)	likeur	[likøər]
champanhe (m)	sjampanje	[ʃampanje]
vermute (m)	vermoet	[fermut]
uísque (m)	whisky	[vhiskaj]
vodka (f)	vodka	[fodka]
gim (m)	jenever	[jenefər]
conhaque (m)	brandewyn	[brandə·vajn]
rum (m)	rum	[rum]
café (m)	koffie	[koffi]
café (m) puro	swart koffie	[swart koffi]
café (m) com leite	koffie met melk	[koffi met melk]
cappuccino (m)	capuccino	[kaputʃino]
café (m) solúvel	poeierkoffie	[pujer·koffi]
leite (m)	melk	[melk]
coquetel (m)	mengeldrankie	[menχəl·dranki]
batido (m) de leite	melkskommel	[melk·skommel]

sumo (m)	sap	[sap]
sumo (m) de tomate	tamatiesap	[tamati·sap]
sumo (m) de laranja	lemoensap	[lemoən·sap]
sumo (m) fresco	vars geparste sap	[fars χeparstə sap]

cerveja (f)	bier	[bir]
cerveja (f) clara	ligte bier	[liχtə bir]
cerveja (f) preta	donker bier	[donkər bir]

chá (m)	tee	[teə]
chá (m) preto	swart tee	[swart teə]
chá (m) verde	groen tee	[χrun teə]

54. Vegetais

legumes (m pl)	groente	[χruntə]
verduras (f pl)	groente	[χruntə]

tomate (m)	tamatie	[tamati]
pepino (m)	komkommer	[komkommər]
cenoura (f)	wortel	[vortəl]
batata (f)	aartappel	[ārtappəl]
cebola (f)	ui	[œi]
alho (m)	knoffel	[knoffəl]

couve (f)	kool	[koəl]
couve-flor (f)	blomkool	[blom·koəl]
couve-de-bruxelas (f)	Brusselspruite	[brussɛl·sprœitə]
brócolos (m pl)	broccoli	[brokoli]

beterraba (f)	beet	[beət]
beringela (f)	eiervrug	[æjerfruχ]
curgete (f)	vingerskorsie	[fiŋər·skorsi]

abóbora (f)	pampoen	[pampun]
nabo (m)	raap	[rãp]

salsa (f)	pietersielie	[pitərsili]
funcho, endro (m)	dille	[dillə]
alface (f)	slaai	[slãi]
aipo (m)	seldery	[selderaj]

espargo (m)	aspersie	[aspersi]
espinafre (m)	spinasie	[spinasi]

ervilha (f)	ertjie	[ɛrki]
fava (f)	boontjies	[boənkis]

milho (m)	mielie	[mili]
feijão (m)	nierboontjie	[nir·boənki]

pimentão (m)	paprika	[paprika]
rabanete (m)	radys	[radajs]
alcachofra (f)	artisjok	[artiʃok]

55. Frutos. Nozes

fruta (f)	vrugte	[fruχtə]
maçã (f)	appel	[appəl]
pera (f)	peer	[peər]
limão (m)	suurlemoen	[sɪr·lemun]
laranja (f)	lemoen	[lemun]
morango (m)	aarbei	[ārbæj]

tangerina (f)	nartjie	[narki]
ameixa (f)	pruim	[prœim]
pêssego (m)	perske	[perskə]
damasco (m)	appelkoos	[appɛlkoəs]
framboesa (f)	framboos	[framboəs]
ananás (m)	pynappel	[pajnappəl]

banana (f)	piesang	[pisaŋ]
melancia (f)	waatlemoen	[vātlemun]
uva (f)	druif	[drœif]
ginja (f)	suurkersie	[sɪr·kersi]
cereja (f)	soetkersie	[sut·kersi]
meloa (f)	spanspek	[spaŋspek]

toranja (f)	pomelo	[pomelo]
abacate (m)	avokado	[afokado]
papaia (f)	papaja	[papaja]
manga (f)	mango	[manχo]
romã (f)	granaat	[χranāt]

groselha (f) vermelha	rooi aalbessie	[roj ālbɛssi]
groselha (f) preta	swartbessie	[swartbɛssi]
groselha (f) espinhosa	appelliefie	[appɛllifi]
mirtilo (m)	bosbessie	[bosbɛssi]
amora silvestre (f)	braambessie	[brāmbɛssi]

uvas (f pl) passas	rosyntjie	[rosajnki]
figo (m)	vy	[faj]
tâmara (f)	dadel	[dadəl]

amendoim (m)	grondboontjie	[χront·boənki]
amêndoa (f)	amandel	[amandəl]
noz (f)	okkerneut	[okkər·nøət]
avelã (f)	haselneut	[hasɛl·nøət]
coco (m)	klapper	[klappər]
pistáchios (m pl)	pistachio	[pistatʃio]

56. Pão. Bolaria

pastelaria (f)	soet gebak	[sut χebak]
pão (m)	brood	[broət]
bolacha (f)	koekies	[kukis]
chocolate (m)	sjokolade	[ʃokoladə]
de chocolate	sjokolade	[ʃokoladə]

rebuçado (m)	lekkers	[lɛkkərs]
bolo (cupcake, etc.)	koek	[kuk]
bolo (m) de aniversário	koek	[kuk]

| tarte (~ de maçã) | pastei | [pastæj] |
| recheio (m) | vulsel | [fulsəl] |

doce (m)	konfyt	[konfajt]
geleia (f) de frutas	marmelade	[marmeladə]
waffle (m)	wafels	[vafɛls]
gelado (m)	roomys	[roəm·ajs]
pudim (m)	poeding	[pudiŋ]

57. Especiarias

sal (m)	sout	[sæʊt]
salgado	sout	[sæʊt]
salgar (vt)	sout	[sæʊt]

pimenta (f) preta	swart peper	[swart pepər]
pimenta (f) vermelha	rooi peper	[roj pepər]
mostarda (f)	mosterd	[mostert]
raiz-forte (f)	peperwortel	[peper·wortəl]

condimento (m)	smaakmiddel	[smāk·middəl]
especiaria (f)	spesery	[spesəraj]
molho (m)	sous	[sæʊs]
vinagre (m)	asyn	[asajn]

anis (m)	anys	[anajs]
manjericão (m)	basilikum	[basilikum]
cravo (m)	naeltjies	[naɛlkis]
gengibre (m)	gemmer	[χɛmmər]
coentro (m)	koljander	[koljandər]
canela (f)	kaneel	[kaneəl]

sésamo (m)	sesamsaad	[sesam·sāt]
folhas (f pl) de louro	lourierblaar	[læʊrir·blār]
páprica (f)	paprika	[paprika]
cominho (m)	komynsaad	[komajnsāt]
açafrão (m)	saffraan	[saffrān]

INFORMAÇÃO PESSOAL. FAMÍLIA

58. Informação pessoal. Formulários

nome (m)	voornaam	[foərnãm]
apelido (m)	van	[fan]
data (f) de nascimento	geboortedatum	[χeboərtə·datum]
local (m) de nascimento	geboorteplek	[χeboərtə·plek]
nacionalidade (f)	nasionaliteit	[naʃionalitæjt]
lugar (m) de residência	woonplek	[voən·plek]
país (m)	land	[lant]
profissão (f)	beroep	[berup]
sexo (m)	geslag	[χeslaχ]
estatura (f)	lengte	[leŋtə]
peso (m)	gewig	[χevəχ]

59. Membros da família. Parentes

mãe (f)	moeder	[mudər]
pai (m)	vader	[fadər]
filho (m)	seun	[søən]
filha (f)	dogter	[doχtər]
filha (f) mais nova	jonger dogter	[joŋər doχtər]
filho (m) mais novo	jonger seun	[joŋər søən]
filha (f) mais velha	oudste dogter	[æʊdstə doχtər]
filho (m) mais velho	oudste seun	[æʊdstə søən]
irmão (m)	broer	[brur]
irmão (m) mais velho	ouer broer	[æʊer brur]
irmão (m) mais novo	jonger broer	[joŋər brur]
irmã (f)	suster	[sustər]
irmã (f) mais velha	ouer suster	[æʊer sustər]
irmã (f) mais nova	jonger suster	[joŋər sustər]
primo (m)	neef	[neəf]
prima (f)	neef	[neəf]
mamã (f)	ma	[ma]
papá (m)	pa	[pa]
pais (pl)	ouers	[æʊers]
criança (f)	kind	[kint]
crianças (f pl)	kinders	[kindərs]
avó (f)	ouma	[æʊma]
avô (m)	oupa	[æʊpa]

neto (m)	kleinseun	[klæjn·søən]
neta (f)	kleindogter	[klæjn·doχtər]
netos (pl)	kleinkinders	[klæjn·kindərs]

tio (m)	oom	[oəm]
tia (f)	tante	[tantə]
sobrinho (m)	neef	[neəf]
sobrinha (f)	nig	[niχ]

sogra (f)	skoonma	[skoən·ma]
sogro (m)	skoonpa	[skoən·pa]
genro (m)	skoonseun	[skoən·søən]
madrasta (f)	stiefma	[stifma]
padrasto (m)	stiefpa	[stifpa]

criança (f) de colo	baba	[baba]
bebé (m)	baba	[baba]
menino (m)	seuntjie	[søənki]

mulher (f)	vrou	[fræʊ]
marido (m)	man	[man]
esposo (m)	eggenoot	[εχχenoət]
esposa (f)	eggenote	[εχχenotə]

casado	getroud	[χetræʊt]
casada	getroud	[χetræʊt]
solteiro	ongetroud	[onχətræʊt]
solteirão (m)	vrygesel	[frajχesəl]
divorciado	geskei	[χeskæj]
viúva (f)	weduwee	[veduveə]
viúvo (m)	wedunaar	[vedunãr]

parente (m)	familielid	[famililit]
parente (m) próximo	na familie	[na famili]
parente (m) distante	ver familie	[fer famili]
parentes (m pl)	familielede	[famililedə]

órfão (m)	weeskind	[veəskint]
órfã (f)	weeskind	[veəskint]
tutor (m)	voog	[foəχ]
adotar (um filho)	aanneem	[ãnneəm]
adotar (uma filha)	aanneem	[ãnneəm]

60. Amigos. Colegas de trabalho

amigo (m)	vriend	[frint]
amiga (f)	vriendin	[frindin]
amizade (f)	vriendskap	[frindskap]
ser amigos	bevriend wees	[befrint veəs]
parceiro (m)	maat	[mãt]

chefe (m)	baas	[bãs]
superior (m)	baas	[bãs]
proprietário (m)	eienaar	[æjenãr]

subordinado (m)	ondergeskikte	[ondərχeskiktə]
colega (m)	kollega	[kolleχa]
conhecido (m)	kennis	[kɛnnis]
companheiro (m) de viagem	medereisiger	[medə·ræjsiχər]
colega (m) de classe	klasmaat	[klas·mãt]
vizinho (m)	buurman	[bɪrman]
vizinha (f)	buurvrou	[bɪrfræʊ]
vizinhos (pl)	bure	[burə]

CORPO HUMANO. MEDICINA

61. Cabeça

cabeça (f)	kop	[kop]
cara (f)	gesig	[xesəχ]
nariz (m)	neus	[nøəs]
boca (f)	mond	[mont]
olho (m)	oog	[oəχ]
olhos (m pl)	oë	[oɛ]
pupila (f)	pupil	[pupil]
sobrancelha (f)	wenkbrou	[vɛnk·bræʊ]
pestana (f)	ooghaar	[oəχ·hãr]
pálpebra (f)	ooglid	[oəχ·lit]
língua (f)	tong	[toŋ]
dente (m)	tand	[tant]
lábios (m pl)	lippe	[lippə]
maçãs (f pl) do rosto	wangbene	[vaŋ·benə]
gengiva (f)	tandvleis	[tand·flæjs]
paladar (m)	verhemelte	[fer·hemɛltə]
narinas (f pl)	neusgate	[nøəsχatə]
queixo (m)	ken	[ken]
mandíbula (f)	kakebeen	[kakebeən]
bochecha (f)	wang	[vaŋ]
testa (f)	voorhoof	[foərhoəf]
têmpora (f)	slaap	[slāp]
orelha (f)	oor	[oər]
nuca (f)	agterkop	[aχtərkop]
pescoço (m)	nek	[nek]
garganta (f)	keel	[keəl]
cabelos (m pl)	haar	[hãr]
penteado (m)	kapsel	[kapsəl]
corte (m) de cabelo	haarstyl	[hãrstajl]
peruca (f)	pruik	[prœik]
bigode (m)	snor	[snor]
barba (f)	baard	[bārt]
usar, ter (~ barba, etc.)	dra	[dra]
trança (f)	vlegsel	[fleχsəl]
suíças (f pl)	bakkebaarde	[bakkəbārdə]
ruivo	rooiharig	[roj·harəχ]
grisalho	grys	[χrajs]
calvo	kaal	[kāl]
calva (f)	kaal plek	[kāl plek]

rabo-de-cavalo (m)	poniestert	[poni·stert]
franja (f)	gordyntjiekapsel	[χordajnki·kapsəl]

62. Corpo humano

mão (f)	hand	[hant]
braço (m)	arm	[arm]

dedo (m)	vinger	[fiŋər]
dedo (m) do pé	toon	[toən]
polegar (m)	duim	[dœim]
dedo (m) mindinho	pinkie	[pinki]
unha (f)	nael	[naəl]

punho (m)	vuis	[fœis]
palma (f) da mão	palm	[palm]
pulso (m)	pols	[pols]
antebraço (m)	voorarm	[foərarm]
cotovelo (m)	elmboog	[ɛlmboəχ]
ombro (m)	skouer	[skæʊər]

perna (f)	been	[beən]
pé (m)	voet	[fut]
joelho (m)	knie	[kni]
barriga (f) da perna	kuit	[kœit]
anca (f)	heup	[høəp]
calcanhar (m)	hakskeen	[hak·skeən]

corpo (m)	liggaam	[liχχãm]
barriga (f)	maag	[mãχ]
peito (m)	bors	[bors]
seio (m)	bors	[bors]
lado (m)	sy	[saj]
costas (f pl)	rug	[ruχ]
região (f) lombar	lae rug	[laə ruχ]
cintura (f)	middel	[middəl]

umbigo (m)	naeltjie	[naɛlki]
nádegas (f pl)	boude	[bæʊdə]
traseiro (m)	sitvlak	[sitflak]

sinal (m)	moesie	[musi]
sinal (m) de nascença	moedervlek	[mudər·flek]
tatuagem (f)	tatoe	[tatu]
cicatriz (f)	litteken	[littekən]

63. Doenças

doença (f)	siekte	[siktə]
estar doente	siek wees	[sik veəs]
saúde (f)	gesondheid	[χesonthæjt]
nariz (m) a escorrer	loopneus	[loəpnøəs]

| amigdalite (f) | keelontsteking | [keəl·ontstekiŋ] |
| constipação (f) | verkoue | [ferkæʊə] |

bronquite (f)	bronchitis	[bronχitis]
pneumonia (f)	longontsteking	[loŋ·ontstekiŋ]
gripe (f)	griep	[χrip]

míope	bysiende	[bajsində]
presbita	versiende	[fersində]
estrabismo (m)	skeelheid	[skeəlhæjt]
estrábico	skeel	[skeəl]
catarata (f)	katarak	[katarak]
glaucoma (m)	gloukoom	[χlæʊkoəm]

AVC (m), apoplexia (f)	beroerte	[berurtə]
ataque (m) cardíaco	hartaanval	[hart·ānfal]
enfarte (m) do miocárdio	hartinfark	[hart·infark]
paralisia (f)	verlamming	[ferlammiŋ]
paralisar (vt)	verlam	[ferlam]

alergia (f)	allergie	[allerχi]
asma (f)	asma	[asma]
diabetes (f)	suikersiekte	[sœikər·siktə]

| dor (f) de dentes | tandpyn | [tand·pajn] |
| cárie (f) | tandbederf | [tand·bederf] |

diarreia (f)	diarree	[diarreə]
prisão (f) de ventre	hardlywigheid	[hardlajviχæjt]
desarranjo (m) intestinal	maagongesteldheid	[māχ·oŋəstɛldhæjt]
intoxicação (f) alimentar	voedselvergiftiging	[fudsəl·ferχiftəχiŋ]
intoxicar-se	voedselvergiftiging kry	[fudsəl·ferχiftəχiŋ kraj]

artrite (f)	artritis	[artritis]
raquitismo (m)	Engelse siekte	[ɛŋəlsə siktə]
reumatismo (m)	reumatiek	[røəmatik]
arteriosclerose (f)	artrosklerose	[artrosklerosə]

gastrite (f)	maagontsteking	[māχ·ontstekiŋ]
apendicite (f)	blindedermontsteking	[blindəderm·ontstekiŋ]
colecistite (f)	galblaasontsteking	[χalblās·ontstekiŋ]
úlcera (f)	maagsweer	[māχsweər]

sarampo (m)	masels	[masɛls]
rubéola (f)	Duitse masels	[dœitsə masɛls]
iterícia (f)	geelsug	[χeəlsuχ]
hepatite (f)	hepatitis	[hepatitis]

esquizofrenia (f)	skisofrenie	[skisofreni]
raiva (f)	hondsdolheid	[hondsdolhæjt]
neurose (f)	neurose	[nøərosə]
comoção (f) cerebral	harsingskudding	[harsiŋ·skuddiŋ]

cancro (m)	kanker	[kankər]
esclerose (f)	sklerose	[sklerosə]
esclerose (f) múltipla	veelvuldige sklerose	[feəlfuldiχə sklerosə]

alcoolismo (m)	alkoholisme	[alkoholismə]
alcoólico (m)	alkoholikus	[alkoholikus]
sífilis (f)	sifilis	[sifilis]
SIDA (f)	VIGS	[vigs]

tumor (m)	tumor	[tumor]
maligno	kwaadaardig	[kwādārdəχ]
benigno	goedaardig	[χudārdəχ]

febre (f)	koors	[koərs]
malária (f)	malaria	[malaria]
gangrena (f)	gangreen	[χanχreən]
enjoo (m)	seesiekte	[seə·siktə]
epilepsia (f)	epilepsie	[ɛpilepsi]

epidemia (f)	epidemie	[ɛpidemi]
tifo (m)	tifus	[tifus]
tuberculose (f)	tuberkulose	[tuberkulosə]
cólera (f)	cholera	[χolera]
peste (f)	pes	[pes]

64. Simtomas. Tratamentos. Parte 1

sintoma (m)	simptoom	[simptoəm]
temperatura (f)	temperatuur	[temperatɪr]
febre (f)	koors	[koərs]
pulso (m)	polsslag	[pols·slaχ]

vertigem (f)	duiseligheid	[dœiseliχæjt]
quente (testa, etc.)	warm	[varm]
calafrio (m)	koue rillings	[kæʊə rilliŋs]
pálido	bleek	[bleək]

tosse (f)	hoes	[hus]
tossir (vi)	hoes	[hus]
espirrar (vi)	nies	[nis]
desmaio (m)	floute	[flæʊtə]
desmaiar (vi)	flou word	[flæʊ vort]

nódoa (f) negra	blou kol	[blæʊ kol]
galo (m)	knop	[knop]
magoar-se (vr)	stamp	[stamp]
pisadura (f)	besering	[beseriŋ]

coxear (vi)	hink	[hink]
deslocação (f)	ontwrigting	[ontwriχtiŋ]
deslocar (vt)	ontwrig	[ontwrəχ]
fratura (f)	breuk	[brøək]
fraturar (vt)	n breuk hê	[n brøək hɛ:]

corte (m)	sny	[snaj]
cortar-se (vr)	jouself sny	[jæʊsɛlf snaj]
hemorragia (f)	bloeding	[bludiŋ]
queimadura (f)	brandwond	[brant·vont]

queimar-se (vr)	jouself brand	[jæusɛlf brant]
picar (vt)	prik	[prik]
picar-se (vr)	jouself prik	[jæusɛlf prik]
lesionar (vt)	seermaak	[seərmãk]
lesão (m)	besering	[beseriŋ]
ferida (f), ferimento (m)	wond	[vont]
trauma (m)	trauma	[trɔuma]
delirar (vi)	yl	[ajl]
gaguejar (vi)	stotter	[stottər]
insolação (f)	sonsteek	[sɔŋ·steək]

65. Simtomas. Tratamentos. Parte 2

dor (f)	pyn	[pajn]
farpa (no dedo)	splinter	[splintər]
suor (m)	sweet	[sweət]
suar (vi)	sweet	[sweət]
vómito (m)	braak	[brãk]
convulsões (f pl)	stuiptrekkings	[stœip·trɛkkiŋs]
grávida	swanger	[swaŋər]
nascer (vi)	gebore word	[χeborə vort]
parto (m)	geboorte	[χeboərtə]
dar à luz	baar	[bãr]
aborto (m)	aborsie	[aborsi]
respiração (f)	asemhaling	[asemhaliŋ]
inspiração (f)	inaseming	[inasemiŋ]
expiração (f)	uitaseming	[œitasemiŋ]
expirar (vi)	uitasem	[œitasem]
inspirar (vi)	inasem	[inasem]
inválido (m)	invalide	[infalidə]
aleijado (m)	kreupel	[krøəpəl]
toxicodependente (m)	dwelmslaaf	[dwɛlm·slãf]
surdo	doof	[doəf]
mudo	stom	[stom]
surdo-mudo	doofstom	[doəf·stom]
louco (adj.)	swaksinnig	[swaksinnəχ]
louco (m)	kranksinnige	[kranksinniχə]
louca (f)	kranksinnige	[kranksinniχə]
ficar louco	kranksinnig word	[kranksinnəχ vort]
gene (m)	geen	[χeən]
imunidade (f)	immuniteit	[immunitæjt]
hereditário	erflik	[ɛrflik]
congénito	aangebore	[ãnχəborə]
vírus (m)	virus	[firus]
micróbio (m)	mikrobe	[mikrobə]

| bactéria (f) | bakterie | [bakteri] |
| infeção (f) | infeksie | [infeksi] |

66. Simtomas. Tratamentos. Parte 3

| hospital (m) | hospitaal | [hospitãl] |
| paciente (m) | pasiënt | [pasiɛnt] |

diagnóstico (m)	diagnose	[diaχnosə]
cura (f)	genesing	[χenesiŋ]
tratamento (m) médico	mediese behandeling	[medisə behandəliŋ]
curar-se (vr)	behandeling kry	[behandəliŋ kraj]
tratar (vt)	behandel	[behandəl]
cuidar (pessoa)	versorg	[fersorχ]
cuidados (m pl)	versorging	[fersorχiŋ]

operação (f)	operasie	[operasi]
enfaixar (vt)	verbind	[ferbint]
ligadura (f)	verband	[ferbant]

vacinação (f)	inenting	[inɛntiŋ]
vacinar (vt)	inent	[inɛnt]
injeção (f)	inspuiting	[inspœitiŋ]

ataque (~ de asma, etc.)	aanval	[ãnfal]
amputação (f)	amputasie	[amputasi]
amputar (vt)	amputeer	[amputeər]
coma (f)	koma	[koma]
reanimação (f)	intensiewe sorg	[intɛnsivə sorχ]

recuperar-se (vr)	herstel	[herstəl]
estado (~ de saúde)	kondisie	[kondisi]
consciência (f)	bewussyn	[bevussajn]
memória (f)	geheue	[χəhøə]

tirar (vt)	trek	[trek]
chumbo (m), obturação (f)	vulsel	[fulsəl]
chumbar, obturar (vt)	vul	[ful]

| hipnose (f) | hipnose | [hipnosə] |
| hipnotizar (vt) | hipnotiseer | [hipnotiseər] |

67. Medicina. Drogas. Acessórios

medicamento (m)	medisyn	[medisajn]
remédio (m)	geneesmiddel	[χeneəs·middəl]
receitar (vt)	voorskryf	[foərskrajf]
receita (f)	voorskrif	[foərskrif]

comprimido (m)	pil	[pil]
pomada (f)	salf	[salf]
ampola (f)	ampul	[ampul]

preparado (m)	mengsel	[meŋsəl]
xarope (m)	stroop	[stroəp]
cápsula (f)	pil	[pil]
remédio (m) em pó	poeier	[pujer-]

ligadura (f)	verband	[ferbant]
algodão (m)	watte	[vattə]
iodo (m)	iodium	[iodium]

penso (m) rápido	pleister	[plæjstər]
conta-gotas (f)	oogdrupper	[oəχ·druppər]
termómetro (m)	termometer	[termometər]
seringa (f)	spuitnaald	[spœit·nãlt]

| cadeira (f) de rodas | rolstoel | [rol·stul] |
| muletas (f pl) | krukke | [krukkə] |

analgésico (m)	pynstiller	[pajn·stillər]
laxante (m)	lakseermiddel	[laksəer·middəl]
álcool (m) etílico	spiritus	[spiritus]
ervas (f pl) medicinais	geneeskragtige kruie	[χenəes·kraχtiχə krœiə]
de ervas (chá ~)	kruie-	[krœie-]

APARTAMENTO

68. Apartamento

apartamento (m)	woonstel	[voəŋstəl]
quarto (m)	kamer	[kamər]
quarto (m) de dormir	slaapkamer	[slāp·kamər]
sala (f) de jantar	eetkamer	[eət·kamər]
sala (f) de estar	sitkamer	[sit·kamər]
escritório (m)	studeerkamer	[studeər·kamər]

antessala (f)	ingangsportaal	[inχaŋs·portāl]
quarto (m) de banho	badkamer	[bad·kamər]
toilette (lavabo)	toilet	[tojlet]

teto (m)	plafon	[plafon]
chão, soalho (m)	vloer	[flur]
canto (m)	hoek	[huk]

69. Mobiliário. Interior

mobiliário (m)	meubels	[møəbɛls]
mesa (f)	tafel	[tafel]
cadeira (f)	stoel	[stul]
cama (f)	bed	[bet]
divã (m)	rusbank	[rusbank]
cadeirão (m)	gemakstoel	[χemak·stul]

| estante (f) | boekkas | [buk·kas] |
| prateleira (f) | rak | [rak] |

guarda-vestidos (m)	klerekas	[klerə·kas]
cabide (m) de parede	kapstok	[kapstok]
cabide (m) de pé	kapstok	[kapstok]

| cómoda (f) | laaikas | [lājkas] |
| mesinha (f) de centro | koffietafel | [koffi·tafəl] |

espelho (m)	spieël	[spiɛl]
tapete (m)	mat	[mat]
tapete (m) pequeno	matjie	[maki]

lareira (f)	vuurherd	[fɪr·hert]
vela (f)	kers	[kers]
castiçal (m)	kandelaar	[kandelār]

| cortinas (f pl) | gordyne | [χordajnə] |
| papel (m) de parede | muurpapier | [mɪr·papir] |

estores (f pl)	blindings	[blindiŋs]
candeeiro (m) de mesa	tafellamp	[tafel·lamp]
candeeiro (m) de parede	muurlamp	[mɪr·lamp]
candeeiro (m) de pé	staanlamp	[stãn·lamp]
lustre (m)	kroonlugter	[kroən·luχtər]

perna (da cadeira, etc.)	poot	[poət]
braço (m)	armleuning	[arm·løəniŋ]
costas (f pl)	rugleuning	[ruχ·løəniŋ]
gaveta (f)	laai	[lāi]

70. Quarto de dormir

roupa (f) de cama	beddegoed	[beddə·χut]
almofada (f)	kussing	[kussiŋ]
fronha (f)	kussingsloop	[kussiŋ·sloəp]
cobertor (m)	duvet	[dufet]
lençol (m)	laken	[laken]
colcha (f)	bedsprei	[bed·spræj]

71. Cozinha

cozinha (f)	kombuis	[kombœis]
gás (m)	gas	[χas]
fogão (m) a gás	gasstoof	[χas·stoəf]
fogão (m) elétrico	elektriese stoof	[elektrisə stoəf]
forno (m)	oond	[oent]
forno (m) de micro-ondas	mikrogolfoond	[mikroχolf·oent]

frigorífico (m)	yskas	[ajs·kas]
congelador (m)	vrieskas	[friskas]
máquina (f) de lavar louça	skottelgoedwasser	[skottɛlχud·wassər]

moedor (m) de carne	vleismeul	[flæjs·møəl]
espremedor (m)	versapper	[fersappər]
torradeira (f)	broodrooster	[broəd·roəstər]
batedeira (f)	menger	[meŋər]

máquina (f) de café	koffiemasjien	[koffi·maʃin]
cafeteira (f)	koffiepot	[koffi·pot]
moinho (m) de café	koffiemeul	[koffi·møəl]

chaleira (f)	fluitketel	[flœit·ketəl]
bule (m)	teepot	[teə·pot]
tampa (f)	deksel	[deksəl]
coador (f) de chá	teesiffie	[teə·siffi]

colher (f)	lepel	[lepəl]
colher (f) de chá	teelepeltjie	[teə·lepəlki]
colher (f) de sopa	soplepel	[sop·lepəl]
garfo (m)	vurk	[furk]
faca (f)	mes	[mes]

louça (f)	tafelgerei	[tafel·xeræj]
prato (m)	bord	[bort]
pires (m)	piering	[piriŋ]

cálice (m)	likeurglas	[likøər·xlas]
copo (m)	glas	[xlas]
chávena (f)	koppie	[koppi]

açucareiro (m)	suikerpot	[sœikər·pot]
saleiro (m)	soutvaatjie	[sæʋt·fāki]
pimenteiro (m)	pepervaatjie	[peper·fāki]
manteigueira (f)	botterbakkie	[bottər·bakki]

panela, caçarola (f)	soppot	[sop·pot]
frigideira (f)	braaipan	[brāj·pan]
concha (f)	opskeplepel	[opskep·lepəl]
passador (m)	vergiet	[ferxit]
bandeja (f)	skinkbord	[skink·bort]

garrafa (f)	bottel	[bottəl]
boião (m) de vidro	fles	[fles]
lata (f)	blikkie	[blikki]

abre-garrafas (m)	botteloopmaker	[bottəl·oəpmakər]
abre-latas (m)	blikoopmaker	[blik·oəpmakər]
saca-rolhas (m)	kurktrekker	[kurk·trɛkkər]
filtro (m)	filter	[filtər]
filtrar (vt)	filter	[filtər]

| lixo (m) | vullis | [fullis] |
| balde (m) do lixo | vullisbak | [fullis·bak] |

72. Casa de banho

quarto (m) de banho	badkamer	[bad·kamər]
água (f)	water	[vatər]
torneira (f)	kraan	[krān]
água (f) quente	warme water	[varmə vatər]
água (f) fria	koue water	[kæʋə vatər]

pasta (f) de dentes	tandepasta	[tandə·pasta]
escovar os dentes	tande borsel	[tandə borsəl]
escova (f) de dentes	tandeborsel	[tandə·borsəl]

barbear-se (vr)	skeer	[skeər]
espuma (f) de barbear	skeerroom	[skeər·roəm]
máquina (f) de barbear	skeermes	[skeər·mes]

lavar (vt)	was	[vas]
lavar-se (vr)	bad	[bat]
duche (m)	stort	[stort]
tomar um duche	stort	[stort]
banheira (f)	bad	[bat]
sanita (f)	toilet	[tojlet]

lavatório (m)	wasbak	[vas·bak]
sabonete (m)	seep	[seəp]
saboneteira (f)	seepbakkie	[seəp·bakki]

esponja (f)	spons	[spɔŋs]
champô (m)	sjampoe	[ʃampu]
toalha (f)	handdoek	[handduk]
roupão (m) de banho	badjas	[batjas]

lavagem (f)	was	[vas]
máquina (f) de lavar	wasmasjien	[vas·maʃin]
lavar a roupa	die wasgoed was	[di vasχut vas]
detergente (m)	waspoeier	[vas·pujer]

73. Eletrodomésticos

televisor (m)	TV-stel	[te·fe-stəl]
gravador (m)	bandspeler	[band·spelər]
videogravador (m)	videomasjien	[video·maʃin]
rádio (m)	radio	[radio]
leitor (m)	speler	[spelər]

projetor (m)	videoprojektor	[video·projektor]
cinema (m) em casa	tuisfliekteater	[tœis·flik·teatər]
leitor (m) de DVD	DVD-speler	[de·fe·de-spelər]
amplificador (m)	versterker	[fersterkər]
console (f) de jogos	videokonsole	[video·kɔŋsolə]

câmara (f) de vídeo	videokamera	[video·kamera]
máquina (f) fotográfica	kamera	[kamera]
câmara (f) digital	digitale kamera	[diχitalə kamera]

aspirador (m)	stofsuier	[stof·sœiər]
ferro (m) de engomar	strykyster	[strajk·ajstər]
tábua (f) de engomar	strykplank	[strajk·plank]

telefone (m)	telefoon	[telefoən]
telemóvel (m)	selfoon	[sɛlfoən]
máquina (f) de escrever	tikmasjien	[tik·maʃin]
máquina (f) de costura	naaimasjien	[naj·maʃin]

microfone (m)	mikrofoon	[mikrofoən]
auscultadores (m pl)	koptelefoon	[kop·telefoən]
controlo remoto (m)	afstandsbeheer	[afstands·beheər]

CD (m)	CD	[se·de]
cassete (f)	kasset	[kasset]
disco (m) de vinil	plaat	[plāt]

A TERRA. TEMPO

74. Espaço sideral

cosmos (m)	kosmos	[kosmos]
cósmico	kosmies	[kosmis]
espaço (m) cósmico	buitenste ruimte	[bœitɛŋstə rajmtə]
mundo (m)	wêreld	[værɛlt]
universo (m)	heelal	[heəlal]
galáxia (f)	sterrestelsel	[sterrə·stɛlsəl]
estrela (f)	ster	[ster]
constelação (f)	sterrebeeld	[sterrə·beəlt]
planeta (m)	planeet	[planeət]
satélite (m)	satelliet	[satɛllit]
meteorito (m)	meteoriet	[meteorit]
cometa (m)	komeet	[komeət]
asteroide (m)	asteroïed	[asteroïət]
órbita (f)	baan	[bãn]
girar (vi)	draai	[drãi]
atmosfera (f)	atmosfeer	[atmosfeər]
Sol (m)	die Son	[di son]
Sistema (m) Solar	sonnestelsel	[sonnə·stɛlsəl]
eclipse (m) solar	sonsverduistering	[soŋs·ferdœisteriŋ]
Terra (f)	die Aarde	[di ãrdə]
Lua (f)	die Maan	[di mãn]
Marte (m)	Mars	[mars]
Vénus (m)	Venus	[fenus]
Júpiter (m)	Jupiter	[jupitər]
Saturno (m)	Saturnus	[saturnus]
Mercúrio (m)	Mercurius	[merkurius]
Urano (m)	Uranus	[uranus]
Neptuno (m)	Neptunus	[neptunus]
Plutão (m)	Pluto	[pluto]
Via Láctea (f)	Melkweg	[melk·weχ]
Ursa Maior (f)	Groot Beer	[χroət beər]
Estrela Polar (f)	Poolster	[poəl·stər]
marciano (m)	marsbewoner	[mars·bevonər]
extraterrestre (m)	buiteaardse wese	[bœitə·ãrdsə vesə]
alienígena (m)	ruimtewese	[rœimtə·vesə]
disco (m) voador	vlieënde skottel	[fliɛndə skottəl]

nave (f) espacial	ruimteskip	[rœimtə·skip]
estação (f) orbital	ruimtestasie	[rœimtə·stasi]
lançamento (m)	vertrek	[fertrek]

motor (m)	enjin	[ɛnʤin]
bocal (m)	uitlaatpyp	[œitlāt·pajp]
combustível (m)	brandstof	[brantstof]

cabine (f)	stuurkajuit	[stɪr·kajœit]
antena (f)	lugdraad	[luχdrāt]
vigia (f)	patryspoort	[patrajs·poərt]
bateria (f) solar	sonpaneel	[son·paneəl]
traje (m) espacial	ruimtepak	[rœimtə·pak]

imponderabilidade (f)	gewigloosheid	[χeviχloəshæjt]
oxigénio (m)	suurstof	[sɪrstof]

acoplagem (f)	koppeling	[koppeliŋ]
fazer uma acoplagem	koppel	[koppəl]

observatório (m)	observatorium	[observatorium]
telescópio (m)	teleskoop	[teleskoəp]
observar (vt)	waarneem	[vārneəm]
explorar (vt)	eksploreer	[ɛksploreər]

75. A Terra

Terra (f)	die Aarde	[di ārdə]
globo terrestre (Terra)	die aardbol	[di ārdbol]
planeta (m)	planeet	[planeət]

atmosfera (f)	atmosfeer	[atmosfeər]
geografia (f)	geografie	[χeoχrafi]
natureza (f)	natuur	[natɪr]

globo (mapa esférico)	aardbol	[ārd·bol]
mapa (m)	kaart	[kārt]
atlas (m)	atlas	[atlas]

Europa (f)	Europa	[øəropa]
Ásia (f)	Asië	[asiɛ]

África (f)	Afrika	[afrika]
Austrália (f)	Australië	[ɔustraliɛ]

América (f)	Amerika	[amerika]
América (f) do Norte	Noord-Amerika	[noərd-amerika]
América (f) do Sul	Suid-Amerika	[sœid-amerika]

Antártida (f)	Suidpool	[sœid·poəl]
Ártico (m)	Noordpool	[noərd·poəl]

76. Pontos cardeais

norte (m)	noorde	[noərdə]
para norte	na die noorde	[na di noərdə]
no norte	in die noorde	[in di noərdə]
do norte	noordelik	[noərdəlik]
sul (m)	suide	[sœidə]
para sul	na die suide	[na di sœidə]
no sul	in die suide	[in di sœidə]
do sul	suidelik	[sœidəlik]
oeste, ocidente (m)	weste	[vestə]
para oeste	na die weste	[na di vestə]
no oeste	in die weste	[in di vestə]
ocidental	westelik	[vestelik]
leste, oriente (m)	ooste	[oəstə]
para leste	na die ooste	[na di oəstə]
no leste	in die ooste	[in di oəstə]
oriental	oostelik	[oəstəlik]

77. Mar. Oceano

mar (m)	see	[seə]
oceano (m)	oseaan	[oseãn]
golfo (m)	golf	[χolf]
estreito (m)	straat	[strãt]
terra (f) firme	land	[lant]
continente (m)	kontinent	[kontinent]
ilha (f)	eiland	[æjlant]
península (f)	skiereiland	[skir·æjlant]
arquipélago (m)	argipel	[arχipəl]
baía (f)	baai	[bãi]
porto (m)	hawe	[havə]
lagoa (f)	strandmeer	[strand·meər]
cabo (m)	kaap	[kãp]
atol (m)	atol	[atol]
recife (m)	rif	[rif]
coral (m)	koraal	[korãl]
recife (m) de coral	koraalrif	[korãl·rif]
profundo	diep	[dip]
profundidade (f)	diepte	[diptə]
abismo (m)	afgrond	[afχront]
fossa (f) oceânica	trog	[troχ]
corrente (f)	stroming	[stromiŋ]
banhar (vt)	omring	[omriŋ]

litoral (m)	oewer	[uvər]
costa (f)	kus	[kus]

maré (f) alta	hoogwater	[hoəχ·vatər]
maré (f) baixa	laagwater	[lãχ·vatər]
restinga (f)	sandbank	[sand·bank]
fundo (m)	bodem	[bodem]

onda (f)	golf	[χolf]
crista (f) da onda	kruin	[krœin]
espuma (f)	skuim	[skœim]

tempestade (f)	storm	[storm]
furacão (m)	orkaan	[orkãn]
tsunami (m)	tsunami	[tsunami]
calmaria (f)	windstilte	[vindstiltə]
calmo	kalm	[kalm]

polo (m)	pool	[poəl]
polar	polêr	[polær]

latitude (f)	breedtegraad	[breədtə·χrãt]
longitude (f)	lengtegraad	[leŋtə·χrãt]
paralela (f)	parallel	[paralləl]
equador (m)	ewenaar	[ɛvenãr]

céu (m)	hemel	[heməl]
horizonte (m)	horison	[horison]
ar (m)	lug	[luχ]

farol (m)	vuurtoring	[fɪrtoriŋ]
mergulhar (vi)	duik	[dœik]
afundar-se (vr)	sink	[sink]
tesouros (m pl)	skatte	[skattə]

78. Nomes de Mares e Oceanos

Oceano (m) Atlântico	Atlantiese oseaan	[atlantisə oseãn]
Oceano (m) Índico	Indiese Oseaan	[indisə oseãn]
Oceano (m) Pacífico	Stille Oseaan	[stillə oseãn]
Oceano (m) Ártico	Noordelike Yssee	[noərdelikə ajs·seə]

Mar (m) Negro	Swart See	[swart seə]
Mar (m) Vermelho	Rooi See	[roj seə]
Mar (m) Amarelo	Geel See	[χeəl seə]
Mar (m) Branco	Witsee	[vit·seə]

Mar (m) Cáspio	Kaspiese See	[kaspisə seə]
Mar (m) Morto	Dooie See	[dojə seə]
Mar (m) Mediterrâneo	Middellandse See	[middəllandsə seə]

Mar (m) Egeu	Egeïese See	[ɛχejesə seə]
Mar (m) Adriático	Adriatiese See	[adriatisə seə]
Mar (m) Arábico	Arabiese See	[arabisə seə]

Mar (m) do Japão	Japanse See	[japaŋsə seə]
Mar (m) de Bering	Beringsee	[beriŋ·seə]
Mar (m) da China Meridional	Suid-Sjinese See	[sœid-ʃinesə seə]
Mar (m) de Coral	Koraalsee	[korāl·seə]
Mar (m) de Tasman	Tasmansee	[tasmaŋ·seə]
Mar (m) do Caribe	Karibiese See	[karibisə seə]
Mar (m) de Barents	Barentssee	[barents·seə]
Mar (m) de Kara	Karasee	[kara·seə]
Mar (m) do Norte	Noordsee	[noərd·seə]
Mar (m) Báltico	Baltiese See	[baltisə seə]
Mar (m) da Noruega	Noorse See	[noərsə seə]

79. Montanhas

montanha (f)	berg	[berχ]
cordilheira (f)	bergreeks	[berχ·reəks]
serra (f)	bergrug	[berχ·ruχ]
cume (m)	top	[top]
pico (m)	piek	[pik]
sopé (m)	voet	[fut]
declive (m)	helling	[hɛlliŋ]
vulcão (m)	vulkaan	[fulkān]
vulcão (m) ativo	aktiewe vulkaan	[aktivə fulkān]
vulcão (m) extinto	rustende vulkaan	[rustendə fulkān]
erupção (f)	uitbarsting	[œitbarstiŋ]
cratera (f)	krater	[kratər]
magma (m)	magma	[maχma]
lava (f)	lawa	[lava]
fundido (lava ~a)	gloeiende	[χlujendə]
desfiladeiro (m)	diepkloof	[dip·kloəf]
garganta (f)	kloof	[kloəf]
fenda (f)	skeur	[skøər]
precipício (m)	afgrond	[afχront]
passo, colo (m)	bergpas	[berχ·pas]
planalto (m)	plato	[plato]
falésia (f)	krans	[kraŋs]
colina (f)	kop	[kop]
glaciar (m)	gletser	[χletsər]
queda (f) d'água	waterval	[vatər·fal]
géiser (m)	geiser	[χæjsər]
lago (m)	meer	[meər]
planície (f)	vlakte	[flaktə]
paisagem (f)	landskap	[landskap]
eco (m)	eggo	[ɛχχo]

alpinista (m)	alpinis	[alpinis]
escalador (m)	bergklimmer	[berχ·klimmər]
conquistar (vt)	baasraak	[bāsrāk]
subida, escalada (f)	beklimming	[beklimmiŋ]

80. Nomes de montanhas

Alpes (m pl)	die Alpe	[di alpə]
monte Branco (m)	Mont Blanc	[mon blan]
Pirineus (m pl)	die Pireneë	[di pireneɛ]

Cárpatos (m pl)	die Karpate	[di karpatə]
montes (m pl) Urais	die Oeralgebergte	[di ural·χəberχtə]
Cáucaso (m)	die Koukasus Gebergte	[di kæʊkasus χəberχtə]
Elbrus (m)	Elbroes	[ɛlbrus]

Altai (m)	die Altai-gebergte	[di altaj-χəberχtə]
Tian Shan (m)	die Tian Shan	[di tian ʃan]
Pamir (m)	die Pamir	[di pamir]
Himalaias (m pl)	die Himalajas	[di himalajas]
monte (m) Everest	Everest	[ɛverest]

Cordilheira (f) dos Andes	die Andes	[di andes]
Kilimanjaro (m)	Kilimanjaro	[kilimandʒaro]

81. Rios

rio (m)	rivier	[rifir]
fonte, nascente (f)	bron	[bron]
leito (m) do rio	rivierbed	[rifir·bet]
bacia (f)	stroomgebied	[stroəm·χebit]
desaguar no ...	uitmond in ...	[œitmont in ...]

afluente (m)	syrivier	[saj·rifir]
margem (do rio)	oewer	[uvər]

corrente (f)	stroming	[stromiŋ]
rio abaixo	stroomafwaarts	[stroəm·afvārts]
rio acima	stroomopwaarts	[stroəm·opvārts]

inundação (f)	oorstroming	[oərstromiŋ]
cheia (f)	oorstroming	[oərstromiŋ]
transbordar (vi)	oor sy walle loop	[oər saj vallə loəp]
inundar (vt)	oorstroom	[oərstroəm]

baixio (m)	sandbank	[sand·bank]
rápidos (m pl)	stroomversnellings	[stroəm·fersnɛlliŋs]

barragem (f)	damwal	[dam·wal]
canal (m)	kanaal	[kanāl]
reservatório (m) de água	opgaardam	[opχār·dam]
eclusa (f)	sluis	[slœis]

corpo (m) de água	dam	[dam]
pântano (m)	moeras	[muras]
tremedal (m)	vlei	[flæj]
remoinho (m)	draaikolk	[drāj·kolk]
arroio, regato (m)	spruit	[sprœit]
potável	drink-	[drink-]
doce (água)	vars	[fars]
gelo (m)	ys	[ajs]
congelar-se (vr)	bevries	[befris]

82. Nomes de rios

rio Sena (m)	Seine	[sæjn]
rio Loire (m)	Loire	[lua:r]
rio Tamisa (m)	Teems	[tems]
rio Reno (m)	Ryn	[rajn]
rio Danúbio (m)	Donau	[donɔu]
rio Volga (m)	Wolga	[volga]
rio Don (m)	Don	[don]
rio Lena (m)	Lena	[lena]
rio Amarelo (m)	Geel Rivier	[ɣeəl rifir]
rio Yangtzé (m)	Blou Rivier	[blæʊ rifir]
rio Mekong (m)	Mekong	[mekoŋ]
rio Ganges (m)	Ganges	[ɣaŋəs]
rio Nilo (m)	Nyl	[najl]
rio Congo (m)	Kongorivier	[kongo·rifir]
rio Cubango (m)	Okavango	[okavango]
rio Zambeze (m)	Zambezi	[sambesi]
rio Limpopo (m)	Limpopo	[limpopo]
rio Mississípi (m)	Mississippi	[mississippi]

83. Floresta

floresta (f), bosque (m)	bos	[bos]
florestal	bos-	[bos-]
mata (f) cerrada	woud	[væʊt]
arvoredo (m)	boord	[boərt]
clareira (f)	oopte	[oəptə]
matagal (f)	struikgewas	[strœik·ɣevas]
mato (m)	struikveld	[strœik·fɛlt]
vereda (f)	paadjie	[pādʒi]
ravina (f)	donga	[donɣa]
árvore (f)	boom	[boəm]

folha (f)	blaar	[blãr]
folhagem (f)	blare	[blarə]

queda (f) das folha	val van die blare	[fal fan di blarə]
cair (vi)	val	[fal]
topo (m)	boomtop	[boəm·top]

ramo (m)	tak	[tak]
galho (m)	tak	[tak]
botão, rebento (m)	knop	[knop]
agulha (f)	naald	[nãlt]
pinha (f)	dennebol	[dɛnnə·bol]

buraco (m) de árvore	holte	[holtə]
ninho (m)	nes	[nes]
toca (f)	gat	[χat]

tronco (m)	stam	[stam]
raiz (f)	wortel	[vortəl]
casca (f) de árvore	bas	[bas]
musgo (m)	mos	[mos]

arrancar pela raiz	ontwortel	[ontwortəl]
cortar (vt)	omkap	[omkap]
desflorestar (vt)	ontbos	[ontbos]
toco, cepo (m)	boomstomp	[boəm·stomp]

fogueira (f)	kampvuur	[kampfɪr]
incêndio (m) florestal	bosbrand	[bos·brant]
apagar (vt)	blus	[blus]

guarda-florestal (m)	boswagter	[bos·waχtər]
proteção (f)	beskerming	[beskermiŋ]
proteger (a natureza)	beskerm	[beskerm]
caçador (m) furtivo	wildstroper	[vilt·stropər]
armadilha (f)	slagyster	[slaχ·ajstər]

colher (cogumelos, bagas)	pluk	[pluk]
perder-se (vr)	verdwaal	[ferdwãl]

84. Recursos naturais

recursos (m pl) naturais	natuurlike bronne	[natɪrlikə bronnə]
minerais (m pl)	minerale	[mineralə]
depósitos (m pl)	lae	[laə]
jazida (f)	veld	[fɛlt]

extrair (vt)	myn	[majn]
extração (f)	myn	[majn]
minério (m)	erts	[ɛrts]
mina (f)	myn	[majn]
poço (m) de mina	mynskag	[majn·skaχ]
mineiro (m)	mynwerker	[majn·werkər]
gás (m)	gas	[χas]

gasoduto (m)	gaspyp	[χas·pajp]
petróleo (m)	olie	[oli]
oleoduto (m)	olipypleiding	[oli·pajp·læjdiŋ]
poço (m) de petróleo	oliebron	[oli·bron]
torre (f) petrolífera	boortoring	[boər·toriŋ]
petroleiro (m)	tenkskip	[tɛnk·skip]

areia (f)	sand	[sant]
calcário (m)	kalksteen	[kalksteən]
cascalho (m)	gruis	[χrœis]
turfa (f)	veengrond	[feənχront]
argila (f)	klei	[klæj]
carvão (m)	steenkool	[steən·koəl]

ferro (m)	yster	[ajstər]
ouro (m)	goud	[χæʊt]
prata (f)	silwer	[silwər]
níquel (m)	nikkel	[nikkəl]
cobre (m)	koper	[kopər]

zinco (m)	sink	[sink]
manganês (m)	mangaan	[manχān]
mercúrio (m)	kwik	[kwik]
chumbo (m)	lood	[loət]

mineral (m)	mineraal	[minerāl]
cristal (m)	kristal	[kristal]
mármore (m)	marmer	[marmər]
urânio (m)	uraan	[urān]

85. Tempo

tempo (m)	weer	[veər]
previsão (f) do tempo	weersvoorspelling	[veərs·foərspɛlliŋ]
temperatura (f)	temperatuur	[temperatɪr]
termómetro (m)	termometer	[termometər]
barómetro (m)	barometer	[barometər]

húmido	klam	[klam]
humidade (f)	vogtigheid	[foχtiχæjt]

calor (m)	hitte	[hittə]
cálido	heet	[heət]
está muito calor	dis vrekwarm	[dis frekvarm]

está calor	dit is warm	[dit is varm]
quente	louwarm	[læʊvarm]

está frio	dis koud	[dis kæʊt]
frio	koud	[kæʊt]

sol (m)	son	[son]
brilhar (vi)	skyn	[skajn]
de sol, ensolarado	sonnig	[sonnəχ]

nascer (vi)	opkom	[opkom]
pôr-se (vr)	ondergaan	[ondərχãn]
nuvem (f)	wolk	[volk]
nublado	bewolk	[bevolk]
nuvem (f) preta	reënwolk	[rɛɛn·wolk]
escuro, cinzento	somber	[sombər]
chuva (f)	reën	[rɛɛn]
está a chover	dit reën	[dit rɛɛn]
chuvoso	reënerig	[rɛɛnərəχ]
chuviscar (vi)	motreën	[motrɛɛn]
chuva (f) torrencial	stortbui	[stortbœi]
chuvada (f)	reënvlaag	[rɛɛn·flãχ]
forte (chuva)	swaar	[swãr]
poça (f)	poeletjie	[puləki]
molhar-se (vr)	nat word	[nat vort]
nevoeiro (m)	mis	[mis]
de nevoeiro	mistig	[mistəχ]
neve (f)	sneeu	[sniʊ]
está a nevar	dit sneeu	[dit sniʊ]

86. Tempo extremo. Catástrofes naturais

trovoada (f)	donderstorm	[dondər·storm]
relâmpago (m)	weerlig	[veərləχ]
relampejar (vi)	flits	[flits]
trovão (m)	donder	[dondər]
trovejar (vi)	donder	[dondər]
está a trovejar	dit donder	[dit dondər]
granizo (m)	hael	[haəl]
está a cair granizo	dit hael	[dit haəl]
inundar (vt)	oorstroom	[oərstroəm]
inundação (f)	oorstroming	[oərstromiŋ]
terremoto (m)	aardbewing	[ãrd·beviŋ]
abalo, tremor (m)	aardskok	[ãrd·skok]
epicentro (m)	episentrum	[ɛpisentrum]
erupção (f)	uitbarsting	[œitbarstiŋ]
lava (f)	lawa	[lava]
turbilhão, tornado (m)	tornado	[tornado]
tufão (m)	tifoon	[tifoən]
furacão (m)	orkaan	[orkãn]
tempestade (f)	storm	[storm]
tsunami (m)	tsunami	[tsunami]
ciclone (m)	sikloon	[sikloən]

mau tempo (m)	slegte weer	[sleχtə veər]
incêndio (m)	brand	[brant]
catástrofe (f)	ramp	[ramp]
meteorito (m)	meteoriet	[meteorit]

avalanche (f)	lawine	[lavinə]
deslizamento (f) de neve	sneeulawine	[sniʊ·lavinə]
nevasca (f)	sneeustorm	[sniʊ·storm]
tempestade (f) de neve	sneeustorm	[sniʊ·storm]

FAUNA

87. Mamíferos. Predadores

predador (m)	roofdier	[roef·dir]
tigre (m)	tier	[tir]
leão (m)	leeu	[liʊ]
lobo (m)	wolf	[volf]
raposa (f)	vos	[fos]

jaguar (m)	jaguar	[jaχuar]
leopardo (m)	luiperd	[lœipert]
chita (f)	jagluiperd	[jaχ·lœipert]

pantera (f)	swart luiperd	[swart lœipert]
puma (m)	poema	[puma]
leopardo-das-neves (m)	sneeuluiperd	[sniʊ·lœipert]
lince (m)	los	[los]

coiote (m)	prêriewolf	[præri·volf]
chacal (m)	jakkals	[jakkals]
hiena (f)	hiëna	[hiɛna]

88. Animais selvagens

| animal (m) | dier | [dir] |
| besta (f) | beest | [beəst] |

esquilo (m)	eekhoring	[eəkhoriŋ]
ouriço (m)	krimpvarkie	[krimpfarki]
lebre (f)	hasie	[hasi]
coelho (m)	konyn	[konajn]

texugo (m)	das	[das]
guaxinim (m)	wasbeer	[vasbeər]
hamster (m)	hamster	[hamstər]
marmota (f)	marmot	[marmot]

toupeira (f)	mol	[mol]
rato (m)	muis	[mœis]
ratazana (f)	rot	[rot]
morcego (m)	vlermuis	[fler·mœis]

arminho (m)	hermelyn	[herməlajn]
zibelina (f)	sabel, sabeldier	[sabəl], [sabəl·dir]
marta (f)	marter	[martər]
doninha (f)	wesel	[vesəl]
vison (m)	nerts	[nerts]

castor (m)	bewer	[bevər]
lontra (f)	otter	[ottər]
cavalo (m)	perd	[pert]
alce (m) americano	eland	[ɛlant]
veado (m)	hert	[hert]
camelo (m)	kameel	[kameəl]
bisão (m)	bison	[bison]
auroque (m)	wisent	[visent]
búfalo (m)	buffel	[buffəl]
zebra (f)	sebra, kwagga	[sebra], [kwaχχa]
antílope (m)	wildsbok	[vilds·bok]
corça (f)	reebok	[reəbok]
gamo (m)	damhert	[damhert]
camurça (f)	gems	[χems]
javali (m)	wildevark	[vildə·fark]
baleia (f)	walvis	[valfis]
foca (f)	seehond	[seə·hont]
morsa (f)	walrus	[valrus]
urso-marinho (m)	seebeer	[seə·beər]
golfinho (m)	dolfyn	[dolfajn]
urso (m)	beer	[beər]
urso (m) branco	ysbeer	[ajs·beər]
panda (m)	panda	[panda]
macaco (em geral)	aap	[ãp]
chimpanzé (m)	sjimpansee	[ʃimpaŋseə]
orangotango (m)	orangoetang	[oraŋχutaŋ]
gorila (m)	gorilla	[χorilla]
macaco (m)	makaak	[makãk]
gibão (m)	gibbon	[χibbon]
elefante (m)	olifant	[olifant]
rinoceronte (m)	renoster	[renostər]
girafa (f)	kameelperd	[kameəl·pert]
hipopótamo (m)	seekoei	[seə·kui]
canguru (m)	kangaroe	[kanχaru]
coala (m)	koala	[koala]
mangusto (m)	muishond	[mœis·hont]
chinchila (f)	chinchilla, tjintjilla	[tʃin·tʃila]
doninha-fedorenta (f)	stinkmuishond	[stinkmœis·hont]
porco-espinho (m)	ystervark	[ajstər·fark]

89. Animais domésticos

gata (f)	kat	[kat]
gato (m) macho	kater	[katər]
cão (m)	hond	[hont]

cavalo (m)	perd	[pert]
garanhão (m)	hings	[hiŋs]
égua (f)	merrie	[merri]

vaca (f)	koei	[kui]
touro (m)	bul	[bul]
boi (m)	os	[os]

ovelha (f)	skaap	[skāp]
carneiro (m)	ram	[ram]
cabra (f)	bok	[bok]
bode (m)	bokram	[bok·ram]

burro (m)	donkie, esel	[donki], [eisəl]
mula (f)	muil	[mœil]

porco (m)	vark	[fark]
porquinho (m)	varkie	[farki]
coelho (m)	konyn	[konajn]

galinha (f)	hoender, hen	[hundər], [hen]
galo (m)	haan	[hān]

pato (m), pata (f)	eend	[eent]
pato (macho)	mannetjieseend	[mannəkis·eent]
ganso (m)	gans	[χaŋs]

peru (m)	kalkoenmannetjie	[kalkun·mannəki]
perua (f)	kalkoen	[kalkun]

animais (m pl) domésticos	huisdiere	[hœis·dirə]
domesticado	mak	[mak]
domesticar (vt)	mak maak	[mak māk]
criar (vt)	teel	[teəl]

quinta (f)	plaas	[plās]
aves (f pl) domésticas	pluimvee	[plœimfeə]
gado (m)	beeste	[beəstə]
rebanho (m), manada (f)	kudde	[kuddə]

estábulo (m)	stal	[stal]
pocilga (f)	varkstal	[fark·stal]
estábulo (m)	koeistal	[kui·stal]
coelheira (f)	konynehok	[konajnə·hok]
galinheiro (m)	hoenderhok	[hundər·hok]

90. Pássaros

pássaro, ave (m)	voël	[foɛl]
pombo (m)	duif	[dœif]
pardal (m)	mossie	[mossi]
chapim-real (m)	mees	[meəs]
pega-rabuda (f)	ekster	[ɛkstər]
corvo (m)	raaf	[rāf]

gralha (f) cinzenta	kraai	[krāi]
gralha-de-nuca-cinzenta (f)	kerkkraai	[kerk·krāi]
gralha-calva (f)	roek	[ruk]
pato (m)	eend	[eent]
ganso (m)	gans	[χaŋs]
faisão (m)	fisant	[fisant]
águia (f)	arend	[arɛnt]
açor (m)	sperwer	[sperwər]
falcão (m)	valk	[falk]
abutre (m)	aasvoël	[āsfoɛl]
condor (m)	kondor	[kondor]
cisne (m)	swaan	[swān]
grou (m)	kraanvoël	[krān·foɛl]
cegonha (f)	ooievaar	[ojefār]
papagaio (m)	papegaai	[papəχāi]
beija-flor (m)	kolibrie	[kolibri]
pavão (m)	pou	[pæʊ]
avestruz (f)	volstruis	[folstrœis]
garça (f)	reier	[ræjer]
flamingo (m)	flamink	[flamink]
pelicano (m)	pelikaan	[pelikān]
rouxinol (m)	nagtegaal	[naχteχāl]
andorinha (f)	swael	[swaəl]
tordo-zornal (m)	lyster	[lajstər]
tordo-músico (m)	sanglyster	[saŋlajɔtor]
melro-preto (m)	merel	[merəl]
andorinhão (m)	windswael	[vindswaəl]
cotovia (f)	lewerik	[leverik]
codorna (f)	kwartel	[kwartəl]
pica-pau (m)	speg	[speχ]
cuco (m)	koekoek	[kukuk]
coruja (f)	uil	[œil]
corujão, bufo (m)	ooruil	[oərœil]
tetraz-grande (m)	auerhoen	[ɔuer·hun]
tetraz-lira (m)	korhoen	[korhun]
perdiz-cinzenta (f)	patrys	[patrajs]
estorninho (m)	spreeu	[spriʊ]
canário (m)	kanarie	[kanari]
galinha-do-mato (f)	bonasa hoen	[bonasa hun]
tentilhão (m)	gryskoppie	[χrajskoppi]
dom-fafe (m)	bloedvink	[bludfink]
gaivota (f)	seemeeu	[seəmiʊ]
albatroz (m)	albatros	[albatros]
pinguim (m)	pikkewyn	[pikkəvajn]

91. Peixes. Animais marinhos

brema (f)	brasem	[brasem]
carpa (f)	karp	[karp]
perca (f)	baars	[bãrs]
siluro (m)	katvis, seebaber	[katfis], [see·baber]
lúcio (m)	snoek	[snuk]
salmão (m)	salm	[salm]
esturjão (m)	steur	[støer]
arenque (m)	haring	[hariŋ]
salmão (m)	atlantiese salm	[atlantise salm]
cavala, sarda (f)	makriel	[makril]
solha (f)	platvis	[platfis]
lúcio perca (m)	varswatersnoek	[farswater·snuk]
bacalhau (m)	kabeljou	[kabeljæʋ]
atum (m)	tuna	[tuna]
truta (f)	forel	[forel]
enguia (f)	paling	[paliŋ]
raia elétrica (f)	drilvis	[drilfis]
moreia (f)	bontpaling	[bontpaliŋ]
piranha (f)	piranha	[piranha]
tubarão (m)	haai	[hãi]
golfinho (m)	dolfyn	[dolfajn]
baleia (f)	walvis	[valfis]
caranguejo (m)	krap	[krap]
medusa, alforreca (f)	jellievis	[jelli·fis]
polvo (m)	seekat	[see·kat]
estrela-do-mar (f)	seester	[see·ster]
ouriço-do-mar (m)	see-egel, seekastaiing	[see·eχel], [see·kastajiŋ]
cavalo-marinho (m)	seeperdjie	[see·perdʒi]
ostra (f)	oester	[uster]
camarão (m)	garnaal	[χarnãl]
lavagante (m)	kreef	[kreef]
lagosta (f)	seekreef	[see·kreef]

92. Amfíbios. Répteis

serpente, cobra (f)	slang	[slaŋ]
venenoso	giftig	[χifteχ]
víbora (f)	adder	[adder]
cobra-capelo, naja (f)	kobra	[kobra]
pitão (m)	luislang	[lœislaŋ]
jiboia (f)	boa, konstriktorslang	[boa], [koŋstriktor·slaŋ]
cobra-de-água (f)	ringslang	[riŋ·slaŋ]

| cascavel (f) | ratelslang | [ratəl·slaŋ] |
| anaconda (f) | anakonda | [anakonda] |

lagarto (m)	akkedis	[akkedis]
iguana (f)	leguaan	[leχuān]
varano (m)	likkewaan	[likkevān]
salamandra (f)	salamander	[salamandər]
camaleão (m)	verkleurmannetjie	[ferkløər·manneki]
escorpião (m)	skerpioen	[skərpiun]

tartaruga (f)	skilpad	[skilpat]
rã (f)	padda	[padda]
sapo (m)	brulpadda	[brul·padda]
crocodilo (m)	krokodil	[krokodil]

93. Insetos

inseto (m)	insek	[insek]
borboleta (f)	skoenlapper	[skunlappər]
formiga (f)	mier	[mir]
mosca (f)	vlieg	[fliχ]
mosquito (m)	muskiet	[muskit]
escaravelho (m)	kewer	[kevər]

vespa (f)	perdeby	[perdə·baj]
abelha (f)	by	[baj]
zangão (m)	hommelby	[homməl·baj]
moscardo (m)	perdevlieg	[perdə·fliχ]

| aranha (f) | spinnekop | [ɜpinnə·kop] |
| teia (f) de aranha | spinnerak | [spinnə·rak] |

libélula (f)	naaldekoker	[nāldə·kokər]
gafanhoto-do-campo (m)	sprinkaan	[sprinkān]
traça (f)	mot	[mot]

barata (f)	kakkerlak	[kakkerlak]
carraça (f)	bosluis	[boslœis]
pulga (f)	vlooi	[floj]
borrachudo (m)	muggie	[muχχi]

gafanhoto (m)	treksprinkhaan	[trek·sprinkhān]
caracol (m)	slak	[slak]
grilo (m)	kriek	[krik]
pirilampo (m)	vuurvliegie	[fɪrfliχi]
joaninha (f)	lieweheersbesie	[liveheərs·besi]
besouro (m)	lentekewer	[lentekevər]

sanguessuga (f)	bloedsuier	[blud·sœiər]
lagarta (f)	ruspe	[ruspə]
minhoca (f)	erdwurm	[ɛrd·vurm]
larva (f)	larwe	[larvə]

89

FLORA

94. Árvores

árvore (f)	boom	[boəm]
decídua	bladwisselend	[bladwisselent]
conífera	kegeldraend	[keχɛldraent]
perene	immergroen	[immərχrun]
macieira (f)	appelboom	[appɛl·boəm]
pereira (f)	peerboom	[peər·boəm]
cerejeira (f)	soetkersieboom	[sutkersi·boəm]
ginjeira (f)	suurkersieboom	[sɪrkersi·boəm]
ameixeira (f)	pruimeboom	[prœimə·boəm]
bétula (f)	berk	[berk]
carvalho (m)	eik	[æjk]
tília (f)	lindeboom	[lində·boəm]
choupo-tremedor (m)	trilpopulier	[trilpopulir]
bordo (m)	esdoring	[ɛsdoriŋ]
espruce-europeu (m)	spar	[spar]
pinheiro (m)	denneboom	[dɛnnə·boəm]
alerce, lariço (m)	lorkeboom	[lorkə·boəm]
abeto (m)	den	[den]
cedro (m)	seder	[sedər]
choupo, álamo (m)	populier	[populir]
tramazeira (f)	lysterbessie	[lajstərbɛssi]
salgueiro (m)	wilger	[vilχər]
amieiro (m)	els	[ɛls]
faia (f)	beuk	[bøək]
ulmeiro (m)	olm	[olm]
freixo (m)	esboom	[ɛs·boəm]
castanheiro (m)	kastaiing	[kastajiŋ]
magnólia (f)	magnolia	[maχnolia]
palmeira (f)	palm	[palm]
cipreste (m)	sipres	[sipres]
mangue (m)	wortelboom	[vortəl·boəm]
embondeiro, baobá (m)	kremetart	[kremetart]
eucalipto (m)	bloekom	[blukom]
sequoia (f)	mammoetboom	[mammut·boəm]

95. Arbustos

arbusto (m)	struik	[strœik]
arbusto (m), moita (f)	bossie	[bossi]

videira (f)	wingerdstok	[viŋərd·stok]
vinhedo (m)	wingerd	[viŋərt]

framboeseira (f)	framboosstruik	[framboəs·strœik]
groselheira-preta (f)	swartbessiestruik	[swartbɛssi·strœik]
groselheira-vermelha (f)	rooi aalbessiestruik	[roj ãlbɛssi·strœik]
groselheira (f) espinhosa	appelliefiestruik	[appɛllifi·strœik]

acácia (f)	akasia	[akasia]
bérberis (f)	suurbessie	[sɪr·bɛssi]
jasmim (m)	jasmyn	[jasmajn]

junípero (m)	jenewer	[jenevər]
roseira (f)	roosstruik	[roəs·strœik]
roseira (f) brava	hondsroos	[honds·roəs]

96. Frutos. Bagas

fruta (f)	vrug	[fruχ]
frutas (f pl)	vrugte	[fruχtə]

maçã (f)	appel	[appəl]
pera (f)	peer	[peər]
ameixa (f)	pruim	[prœim]

morango (m)	aarbei	[ãrbæj]
ginja (f)	suurkersie	[sɪr·kersi]
cereja (f)	soetkersie	[sut·kersi]
uva (f)	druif	[drœif]

framboesa (f)	framboos	[framboəs]
groselha (f) preta	swartbessie	[swartbɛssi]
groselha (f) vermelha	rooi aalbessie	[roj ãlbɛssi]
groselha (f) espinhosa	appelliefie	[appɛllifi]
oxicoco (m)	bosbessie	[bosbɛssi]

laranja (f)	lemoen	[lemun]
tangerina (f)	nartjie	[narki]
ananás (m)	pynappel	[pajnappəl]
banana (f)	piesang	[pisaŋ]
tâmara (f)	dadel	[dadəl]

limão (m)	suurlemoen	[sɪr·lemun]
damasco (m)	appelkoos	[appɛlkoəs]
pêssego (m)	perske	[perskə]

kiwi (m)	kiwi, kiwivrug	[kivi], [kivi·fruχ]
toranja (f)	pomelo	[pomelo]

baga (f)	bessie	[bɛssi]
bagas (f pl)	bessies	[bɛssis]
arando (m) vermelho	pryselbessie	[prajsɛlbɛssi]
morango-silvestre (m)	wilde aarbei	[vildə ãrbæj]
mirtilo (m)	bloubessie	[blæubɛssi]

97. Flores. Plantas

flor (f)	blom	[blom]
ramo (m) de flores	boeket	[buket]
rosa (f)	roos	[roəs]
tulipa (f)	tulp	[tulp]
cravo (m)	angelier	[anχəlir]
gladíolo (m)	swaardlelie	[swārd·leli]
centáurea (f)	koringblom	[koriŋblom]
campânula (f)	grasklokkie	[χras·klokki]
dente-de-leão (m)	perdeblom	[perde·blom]
camomila (f)	kamille	[kamillə]
aloé (m)	aalwyn	[ālwajn]
cato (m)	kaktus	[kaktus]
fícus (m)	rubberplant	[rubbər·plant]
lírio (m)	lelie	[leli]
gerânio (m)	malva	[malfa]
jacinto (m)	hiasint	[hiasint]
mimosa (f)	mimosa	[mimosa]
narciso (m)	narsing	[narsiŋ]
capuchinha (f)	kappertjie	[kapperki]
orquídea (f)	orgidee	[orχidee]
peónia (f)	pinksterroos	[pinkstər·roəs]
violeta (f)	viooltjie	[fioəlki]
amor-perfeito (m)	gesiggie	[χesiχi]
não-me-esqueças (m)	vergeet-my-nietjie	[ferχeet-maj-niki]
margarida (f)	madeliefie	[madelifi]
papoula (f)	papawer	[papavər]
cânhamo (m)	hennep	[hɛnnəp]
hortelã (f)	kruisement	[krœisəment]
lírio-do-vale (m)	dallelie	[dalleli]
campânula-branca (f)	sneeuklokkie	[sniʊ·klokki]
urtiga (f)	brandnetel	[brant·netəl]
azeda (f)	veldsuring	[fɛltsuriŋ]
nenúfar (m)	waterlelie	[vatər·leli]
feto (m), samambaia (f)	varing	[fariŋ]
líquen (m)	korsmos	[korsmos]
estufa (f)	broeikas	[bruikas]
relvado (m)	grasperk	[χras·perk]
canteiro (m) de flores	blombed	[blom·bet]
planta (f)	plant	[plant]
erva (f)	gras	[χras]
folha (f) de erva	graspriet	[χras·sprit]

folha (f)	blaar	[blār]
pétala (f)	kroonblaar	[kroən·blār]
talo (m)	stingel	[stiŋəl]
tubérculo (m)	knol	[knol]

broto, rebento (m)	saailing	[sājliŋ]
espinho (m)	doring	[doriŋ]

florescer (vi)	bloei	[blui]
murchar (vi)	verlep	[ferlep]
cheiro (m)	reuk	[røək]
cortar (flores)	sny	[snaj]
colher (uma flor)	pluk	[pluk]

98. Cereais, grãos

grão (m)	graan	[χrān]
cereais (plantas)	graangewasse	[χrān·χəwassə]
espiga (f)	aar	[ār]

trigo (m)	koring	[koriŋ]
centeio (m)	rog	[roχ]
aveia (f)	hawer	[havər]
milho-miúdo (m)	gierst	[χirst]
cevada (f)	gars	[χars]

milho (m)	mielie	[mili]
arroz (m)	rys	[rajs]
trigo-sarraceno (m)	bokwiet	[bokwit]

ervilha (f)	ertjie	[ɛrki]
feijão (m)	nierboon	[nir·boən]
soja (f)	soja	[soja]
lentilha (f)	lensie	[lɛŋsi]
fava (f)	boontjies	[boənkis]

PAÍSES DO MUNDO

99. Países. Parte 1

Afeganistão (m)	Afghanistan	[afχanistan]
África do Sul (f)	Suid-Afrika	[sœid-afrika]
Albânia (f)	Albanië	[albaniɛ]
Alemanha (f)	Duitsland	[dœitslant]
Arábia (f) Saudita	Saoedi-Arabië	[saudi-arabiɛ]
Argentina (f)	Argentinië	[arχentiniɛ]
Arménia (f)	Armenië	[armeniɛ]
Austrália (f)	Australië	[ɔustraliɛ]
Áustria (f)	Oostenryk	[oəstenrajk]
Azerbaijão (m)	Azerbeidjan	[azerbæjdjan]
Bahamas (f pl)	die Bahamas	[di bahamas]
Bangladesh (m)	Bangladesj	[bangladeʃ]
Bélgica (f)	België	[belχiɛ]
Bielorrússia (f)	Belarus	[belarus]
Bolívia (f)	Bolivië	[boliviɛ]
Bósnia e Herzegovina (f)	Bosnië & Herzegowina	[bosniɛ en hersegovina]
Brasil (m)	Brasilië	[brasiliɛ]
Bulgária (f)	Bulgarye	[bulχaraje]
Camboja (f)	Kambodja	[kambodja]
Canadá (m)	Kanada	[kanada]
Cazaquistão (m)	Kazakstan	[kasakstan]
Chile (m)	Chili	[tʃili]
China (f)	Sjina	[ʃina]
Chipre (m)	Ciprus	[siprus]
Colômbia (f)	Colombia, Kolombië	[kolombia], [kolombiɛ]
Coreia do Norte (f)	Noord-Korea	[noərd-korea]
Coreia do Sul (f)	Suid-Korea	[sœid-korea]
Croácia (f)	Kroasië	[kroasiɛ]
Cuba (f)	Kuba	[kuba]
Dinamarca (f)	Denemarke	[denemarkə]
Egito (m)	Egipte	[εχiptə]
Emirados Árabes Unidos	Verenigde Arabiese Emirate	[fereniχdə arabisə emiratə]
Equador (m)	Ecuador	[εkuador]
Escócia (f)	Skotland	[skotlant]
Eslováquia (f)	Slowakye	[slovakaje]
Eslovénia (f)	Slovenië	[slofeniɛ]
Espanha (f)	Spanje	[spanje]
Estados Unidos da América	Verenigde State van Amerika	[fereniχdə statə fan amerika]
Estónia (f)	Estland	[εstlant]

| Finlândia (f) | Finland | [finlant] |
| França (f) | Frankryk | [frankrajk] |

100. Países. Parte 2

Gana (f)	Ghana	[χana]
Geórgia (f)	Georgië	[χeorχiɛ]
Grã-Bretanha (f)	Groot-Brittanje	[χroɵt-brittanje]
Grécia (f)	Griekeland	[χrikɵlant]
Haiti (m)	Haïti	[haïti]
Hungria (f)	Hongarye	[honχaraje]
Índia (f)	Indië	[indiɛ]

Indonésia (f)	Indonesië	[indonesiɛ]
Inglaterra (f)	Engeland	[ɛŋɵlant]
Irão (m)	Iran	[iran]
Iraque (m)	Irak	[irak]
Irlanda (f)	Ierland	[irlant]
Islândia (f)	Ysland	[ajslant]
Israel (m)	Israel	[israɵl]

Itália (f)	Italië	[italiɛ]
Jamaica (f)	Jamaika	[jamajka]
Japão (m)	Japan	[japan]
Jordânia (f)	Jordanië	[jordaniɛ]
Kuwait (m)	Kuwait	[kuvajt]

| Laos (m) | Laos | [laos] |
| Letónia (f) | Letland | [letlant] |

Líbano (m)	Libanon	[libanon]
Líbia (f)	Libië	[libiɛ]
Liechtenstein (m)	Lichtenstein	[liχtɛŋstejn]
Lituânia (f)	Litoue	[litæʋɵ]
Luxemburgo (m)	Luksemburg	[luksemburχ]

| Macedónia (f) | Masedonië | [masedoniɛ] |
| Madagáscar (m) | Madagaskar | [madaχaskar] |

Malásia (f)	Maleisië	[malæjsiɛ]
Malta (f)	Malta	[malta]
Marrocos	Marokko	[marokko]
México (m)	Meksiko	[meksiko]
Myanmar (m), Birmânia (f)	Myanmar	[mjanmar]

| Moldávia (f) | Moldawië | [moldaviɛ] |
| Mónaco (m) | Monako | [monako] |

Mongólia (f)	Mongolië	[monχoliɛ]
Montenegro (m)	Montenegro	[montɵnegro]
Namíbia (f)	Namibië	[namibiɛ]
Nepal (m)	Nepal	[nepal]
Noruega (f)	Noorweë	[noɵrweɛ]
Nova Zelândia (f)	Nieu-Seeland	[niu-seɵlant]

101. Países. Parte 3

Países (m pl) Baixos	Nederland	[nedərlant]
Palestina (f)	Palestina	[palestina]
Panamá (m)	Panama	[panama]
Paquistão (m)	Pakistan	[pakistan]
Paraguai (m)	Paraguay	[paragwaj]
Peru (m)	Peru	[peru]
Polinésia Francesa (f)	Frans-Polinesië	[fraŋs-polinesiɛ]

Polónia (f)	Pole	[polə]
Portugal (m)	Portugal	[portuχal]
Quénia (f)	Kenia	[kenia]
Quirguistão (m)	Kirgisië	[kirχisiɛ]
República (f) Checa	Tjeggië	[ʧeχiɛ]
República (f) Dominicana	Dominikaanse Republiek	[dominikāŋsə republik]
Roménia (f)	Roemenië	[rumeniɛ]

Rússia (f)	Rusland	[ruslant]
Senegal (m)	Senegal	[seneχal]
Sérvia (f)	Serwië	[serwiɛ]
Síria (f)	Sirië	[siriɛ]
Suécia (f)	Swede	[swedə]
Suíça (f)	Switserland	[switsərlant]
Suriname (m)	Suriname	[surinamə]

Tailândia (f)	Thailand	[tajlant]
Taiwan (m)	Taiwan	[tajvan]
Tajiquistão (m)	Tadjikistan	[taʤikistan]
Tanzânia (f)	Tanzanië	[tansaniɛ]
Tasmânia (f)	Tasmanië	[tasmaniɛ]
Tunísia (f)	Tunisië	[tunisiɛ]
Turquemenistão (m)	Turkmenistan	[turkmenistan]

Turquia (f)	Turkye	[turkaje]
Ucrânia (f)	Oekraïne	[ukraïnə]
Uruguai (m)	Uruguay	[urugwaj]
Uzbequistão (f)	Oezbekistan	[uzbekistan]
Vaticano (m)	Vatikaan	[fatikān]
Venezuela (f)	Venezuela	[fenesuela]
Vietname (m)	Viëtnam	[viɛtnam]
Zanzibar (m)	Zanzibar	[zanzibar]

www.ingramcontent.com/pod-product-compliance
Lightning Source LLC
Chambersburg PA
CBHW070833050426
42452CB00011B/2261